大学英语
信息化教学模式建设与改革

李成华◎著

吉林出版集团股份有限公司
全国百佳图书出版单位

图书在版编目（CIP）数据

大学英语信息化教学模式建设与改革 / 李成华著
. -- 长春：吉林出版集团股份有限公司, 2024.3
　　ISBN 978-7-5731-4816-2

　　Ⅰ. ①大… Ⅱ. ①李… Ⅲ. ①英语 - 教学研究 - 高等学校 Ⅳ. ① H319.3

中国国家版本馆 CIP 数据核字 (2024) 第 079774 号

大学英语信息化教学模式建设与改革
DAXUE YINGYU XINXIHUA JIAOXUE MOSHI JIANSHE YU GAIGE

著　者	李成华
责任编辑	沈　航
封面设计	张秋艳
开　本	710mm×1000mm　　1/16
字　数	196 千
印　张	12
版　次	2024 年 7 月第 1 版
印　次	2024 年 7 月第 1 次印刷
印　刷	天津和萱印刷有限公司
出　版	吉林出版集团股份有限公司
发　行	吉林出版集团股份有限公司
地　址	吉林省长春市福祉大路 5788 号
邮　编	130000
电　话	0431-81629968
邮　箱	11915286@qq.com
书　号	ISBN 978-7-5731-4816-2
定　价	72.00 元

版权所有　翻印必究

前　言

　　大学英语教学在信息技术迅速发展的背景下，面临着机遇。通过运用信息化技术，大学英语教学创造出一种全新的教学模式，教学深度得到进一步提升。教师积极运用信息技术更新教学方式和内容，使得教学变得更加多元化，从而提高了学生的自主学习能力和独立思考能力，提升了教学效果。

　　英语教学的发展趋势是基于现代信息技术尤其是网络技术，改变教学模式，摆脱时间和地点限制，逐步朝个性化、自主化方向发展。因此，高校需要及时更新英语教学理念，将信息技术融入英语教学中，充分利用其优势，创造出一种全新的大学英语教学模式。在大学英语教学中应用微课模式，教师需要善于利用微课的优点，结合实际的教学情况，以达到最佳的教学效果。

　　本书第一章为信息化教育综述，主要讲述了信息时代的教育改革、信息化教育的理念与原则、信息化教学模式的理论基础、信息化教育与传统教育的不同之处几个方面的内容。第二章讲述了大学英语教学概述，分别从英语教学的概念、英语教学的理论基础与原则、影响大学英语教学的因素、大学英语教学改革的重要性四个方面进行了深入的分析。第三章为信息化与大学英语教学的整合发展，主要对信息化与英语教学整合概述、大学英语信息化教学平台的建设、信息化大学英语教学模式构建路径、信息技术与大学英语整合的策略几个方面的内容进行了阐述。第四章为大学英语信息化教学的改革发展，主要讲述了信息化背景下大学英语教学分析、信息时代大学英语改革的作用与重要性、大学英语信息化教学设计的改革发展、信息化背景下教师能力和评价的发展与变革、大学英语信息化教学方法与教学模式的发展变革五个方面的内容。第五章是信息技术在大学英语教学模式中的应用，分别介绍了信息技术在大学英语教学模式中的优势、翻转课堂在大学英语教学中的应用、多媒体技术在大学英语教学中的应用、微课和慕课在大学英语教学中的应用几个方面的内容。

在撰写本书的过程中，作者得到了许多专家学者的帮助和指导，参考了大量的学术文献，在此表达真诚的感谢。由于作者水平有限，书中难免会有疏漏之处，希望广大同行及时指正。

目 录

第一章　信息化教育综述 ··· 1
　第一节　信息时代的教育改革 ··· 3
　第二节　信息化教育的理念与原则 ····································· 5
　第三节　信息化教学模式的理论基础 ·································· 10
　第四节　信息化教育与传统教育的不同之处 ···························· 22

第二章　大学英语教学概述 ·· 27
　第一节　英语教学的概念 ·· 29
　第二节　英语教学的理论基础与原则 ·································· 31
　第三节　影响大学英语教学的因素 ···································· 43
　第四节　大学英语教学改革的重要性 ·································· 49

第三章　信息化与大学英语教学的整合发展 ································ 57
　第一节　信息化与大学英语教学整合概述 ······························ 59
　第二节　大学英语信息化教学平台的建设 ······························ 63
　第三节　信息化大学英语教学模式构建路径 ···························· 74
　第四节　信息技术与大学英语整合的策略 ······························ 82

第四章　大学英语信息化教学的改革发展 ·································· 89
　第一节　信息化背景下大学英语教学分析 ······························ 91
　第二节　信息时代大学英语改革的作用与重要性 ························ 92

第三节　大学英语信息化教学设计的改革发展……………………94
　　第四节　信息化背景下教师能力和评价的发展与变革……………101
　　第五节　大学英语信息化教学方法与教学模式的发展变革………124

第五章　信息技术在大学英语教学模式中的应用………………………139
　　第一节　信息技术在大学英语教学模式中的优势…………………141
　　第二节　翻转课堂在大学英语教学中的应用………………………142
　　第三节　多媒体技术在大学英语教学中的应用……………………162
　　第四节　微课和慕课在大学英语教学中的应用……………………168

参考文献……………………………………………………………………183

第一章　信息化教育综述

　　自 20 世纪中叶以来,以电子计算机和通信技术为代表的现代信息技术的出现带来了"信息技术革命",它使当今世界发生了人类有史以来最为迅速、广泛、深刻的变化,人类社会迅速进入信息时代。信息技术的飞速发展,对社会的各个领域、人类生活的各个方面都产生了巨大影响。信息技术在教育中的应用,引起了教育教学的深刻变革,信息化教育就是随着"信息高速公路"的发展被提出来的。它是以现代信息技术在教育教学中的广泛应用为特征的新的教育形态,是教育适应信息社会发展的必然结果。本章为信息化教育综述,主要讲述了信息时代的教育改革、信息化教育的理念与原则、信息化教学模式的理论基础、信息化教育与传统教育的不同之处四个方面的内容。

第一节 信息时代的教育改革

一、信息技术的迅速发展

1945年,美国生产了世界上第一台通用计算机"埃尼阿克"(ENIAC, Electronic Numerical Integrator and Calculator)。埃尼阿克计算机占地约170平方米,质量30吨,是一个名副其实的"庞然大物"。埃尼阿克计算机的问世具有划时代的意义,代表计算机时代的到来,在以后的几十年里,计算机技术发展异常迅速。有专家认为,在人类科技史上还没有一种学科的发展速度可以与电子计算机的发展速度相提并论。

信息技术的发展引起了人类社会全面而深刻的变革,促进了社会的进步,使人类社会由工业社会迈向信息社会。在信息社会,几千年来形成的信息传递方式、人际间的沟通方式和社会管理组织方式等诸多方面都发生了极大的变化,并深刻地影响着社会经济生活的运行和民主政治建设的发展。现今,信息资源的地位已经与物质资源同样重要。随着知识和技术的不断进步,实物制造和知识创造相互融合,硬件制造和软件制造相互配合,传统经济和信息技术相互融合,推动了21世纪经济和社会的发展。

人类社会信息总量的猛增,计算机功不可没。21世纪是信息化的世纪,信息是政治、经济、文化的载体。在信息时代,信息已成为重要的战略资源,信息产业成为国家的支柱产业,信息网络成为国家重要的战略基础设施。

二、信息技术与大学课堂

主动迎接教育信息化浪潮,要以学生为中心,建立以学为主的课堂教学模式,共享优质教育资源,扩大课堂容量;利用信息化教育手段,打造跨时空的教学环境;实现课堂理论教学与实践教学的无缝衔接。推动传统课堂教学模式向网络化教学模式转型,提升教师的信息技术水平,扩充网络教学平台的内容与功能，形成多向互动的课堂交流模式，加大过程评价比重，提升课堂教学实效。

随着信息技术不断应用于教学领域，教学方法、评价方式、理论与模式将发生彻底转变，为教育理念的演绎和拓展以及教学效果的丰富提供更为广阔的空间。为了适应信息化的趋势，我国已将教育信息化提升至战略层面。新的信息技术如何被充分、合理地利用，推动大学课堂教学的改革，这是我们所面对的新任务。

（一）教育信息化为大学课堂教学改革带来机遇

我国已初步建立了教育信息基础设施体系，并在高等教育机构中普及了校园网，实现了多种方式接入互联网的目标，数字化校园建设也初步取得了成效。

数字化校园建设、教学手段和方式的革命性变革以及教学质量的显著提升，均不是短时间内可以完成的任务。

从全球范围来看，教育信息化也带来了巨大的变革。在过去几年中，大规模在线开放课程在全球迅速流行，并吸引了数百万名学习者。其中，"慕课"作为一种具有免费、开放、容易获取、自主性强、受众广泛等特点的教育形式，借助较低成本使得数以百万计的人受益。

（二）积极推动大学课堂教学改革

我们需要积极响应教育信息化的趋势，加强有关优质教育资源的共享，全面推进课堂教学改革，从以学生为中心、以问题为导向、以任务为驱动的角度入手。

1. 以学生为中心，建立"以学为主"的课堂教学模式

传统课堂强调教师的主导地位，有助于教师全面掌握教学过程，有条不紊地传授科学知识，并促进密切的师生交流与人文互动。

教学模式改革后，采取以学生为主的教学方式，将学生置于认知过程的中心地位，课堂教学注重发现问题、分析问题、解决问题等方面的探讨，旨在鼓励学生主动学习、合作学习和探究学习，以提高学生终身学习和可持续

发展的能力，促进创造型人才的培养。强调"以学生为中心"的教学方式重视网络所带来的即时性和互动性特点。借助实时、多元化的交流平台，打破了时间和空间上的限制，使教学不再局限于教室，从而极大地扩展了课堂范围。

2. 共享优质教育资源，扩大课堂容量

随着网络的日益普及，知识获取方式发生了翻天覆地的变化。建立共享优质教育资源的机制不仅是全球高等教育发展的潮流，也是适应信息时代高等教育发展的必要选项。教师需要用系统化的方法来设计课程教学。从获取信息的角度来看，师生之间的地位几乎是相等的。

3. 充分利用信息化教育手段，打造跨时空的教学环境

在传统课堂的基础上，通过应用信息技术手段，可以将教学环境拓展至跨越时空的范畴。通过网络教学平台，教师可以提出需要讨论的问题，在课前启发学生自主搜索相关资料，并组成讨论小组，提交初步想法。课程结束后，让学生以课堂讨论中形成的观点和意见为基础，撰写最终作业，并将其上传至讨论组，和其他同学进行分享与交流。通过在教学中进行延伸，可以使课堂内容更具活力和实用性，进而激发学生更积极地投入学习，在提高学习效率的同时提高学习质量。

4. 实现课堂理论教学与实践教学的无缝衔接

通过利用网络化的教学平台，可以实现理论教学和实践教学的无缝连接。网络化教学平台具有时空优势，最新的学习资料可以在第一时间发送给学生，从而使教学效率得到极大提高。

第二节 信息化教育的理念与原则

一、信息化教育的基本理念

现代教学理念的核心是"以人为本、以学生为本"，主要表现在以下几个方面：

（一）强调学生的主体地位

建构主义理论认为，学生是教学活动的积极参与者和知识的建构者，教学应当以学生的"学"为主要任务，学生是教学过程的主体，一切教学活动都要围绕学生的"学"来展开。在现代教学中，学生是具体的、活生生的、富有个性的、不断发展的认识主体，是具有主观能动性的独立个体和群体。教学是学生在教师指导下，有目的地去获取对客观世界认识的知识，发展社会适应性的能动过程。学生的主体性在教学过程中具体表现为自主性、主动性和创造性。

（二）强调学生的主动建构

建构主义学习理论的观点是，学习并不是单纯地通过教师的传授，而是在特定的社会文化环境下，通过与他人（包括教师和同伴）的合作与协作，并运用必要的学习资源，通过有意义的建构过程来获取知识。

（三）强调自主、探究、合作式的学习

新一轮基础教育课程改革（以下简称"新课改"）提倡学生积极参与、主动探究、勤于动手，培养学生获取和处理信息、学习新知识、分析解决问题以及交流协作的能力。首先，教师应当运用信息化教学方式培养学生的自主学习、探究学习、合作学习能力。其次，教师要从各个方面培养学生主动探究、合作学习的意识，让学生意识到只有积极主动地学习才能够适应信息化社会的需求。

（四）强调活动的重要性

现代的教学活动观念要求在教学中充分认识到活动的重要性和多样性。教师要为学生设计多种性质的活动，组织学生在活动中进行不同形式的学习，在活动中充分发挥学生的主动性、自觉性，培养学生的创新意识、创新精神、创新能力，促进学生的全面发展。

（五）强调学生的主观能动性

在教学过程中要激发学生的学习兴趣、探究的热情，尊重学生的个性和

特长，注重学生在学习中的积极参与，最大限度地挖掘学生的潜能。

教师应当利用多媒体技术有效地激发学生的学习兴趣，利用多样化的教学方式促进学生积极主动地对知识进行探究。

（六）强调师生积极主动地互动交流

多样的师生互动交流，有助于缩短师生的心理距离，增强学生的学习兴趣，有助于学生在学习中共享生活经验，完善知识结构，促进社会性学习，发展社会性素质。对于教师来说，师生之间的互动可以使教师与学生平等交流，有助于教师与学生相互学习，共同提高。

在现代教学理念的指引下，出现了许多新的教学方法，其中，比较典型的教学方法有基于问题的教学法、启发式教学法、发现式教学法、探究式教学法、案例教学法等。

二、信息化教育的原则

（一）整合性原则

信息化教学是将信息技术、信息资源、人力资源、课程内容等一系列要素整合在一个系统中，有机地将各种要素结合起来共同完成教学任务的一种教学方式。因此，整合性原则是信息化教学的首要原则。在信息化教学中，需要充分利用信息技术，将各种教学要素和资源有机地结合起来，采用多种理论、方法和媒体相融合，统筹协调各要素之间的关系，以发挥整体、系统化的教学优势，达到提高教学效率的目的。

（二）直观性原则

学生认识活动的特点是以学习间接经验为主，但是获得间接经验要以直接经验为基础。在教学过程中要使信息化教学符合学生的心理特征，有效地提高学生的学习兴趣和积极性，就应当遵循直观性原则。

直观性原则是指在信息化教学环境中为学习者创设一定的情境，提供丰富的多媒体资源，同时通过教师给予指导、形象描述知识等教学活动来促使学生积极观察、主动探究，使学生对所学事物、过程形成清晰的表象，从而丰富感性认识，主动构建知识的意义，最终正确地理解所学知识，并发展认知能力。

在信息化教学环境中，不同种类的媒体资源、各种教学设备和支持系统汇集在一起，为贯彻直观性原则提供了丰富多彩的教学资源和强大的教学功能，同时还提供了各类教学辅助功能。

（三）参与性原则

信息化教学旨在将学生从被动接受知识的角色中解放出来，转而追求主动探究、合作探讨的多元学习方式。这种改变使信息化教学的参与性原则得以显现。

参与性原则是指学生在教师的指导下积极参与教学活动，通过这种参与唤起学生的主体意识，发挥学生的主体作用，发掘学生的学习潜能，培养学生的学习能力，增强学生学习的责任感与合作意识，从而能够有效提高教学质量，更好地完成教学任务。

在信息化教学过程中，学生成为教学活动全过程中自觉的、能动的参与者，成为知识的主动探索者与发现者，并在每次参与过程中实现主动性、能动性与创造性的发展。因此，在信息化教学中，我们应当借助多媒体手段、丰富的教学资源来调动学生的积极性，使学生以不同的方式参与到教学过程中。

（四）启发创造原则

信息化教学中的启发创造原则，旨在帮助教师在数字化环境中实现多元化教学，同时引导学生主动学习，发掘他们的创意思维，提高他们的学习积极性。该原则的目标是让学生能够充分运用所学知识，培养他们的创造性思维，进而实现对知识的透彻理解和灵活应用。

启发创造原则以现代教育理念为指导，在教学与发展相互影响和相互促进的规律下逐渐形成的。在信息化教学中，不仅要求教师传授学生知识、技能和技巧，还需要在教学过程中激发学生自主探索知识的欲望，并促进学生情感、态度、价值观的良好发展。教学与发展是相互依赖、相互促进的，因此，教师在教学中要将学生视为学习的主体，设计多样化的教学活动，利用多媒体手段启发学生积极思考，促使他们自己提出问题、分析问题和解决问题。

信息化社会发展的趋势，要求学校教育教学培养学生的信息素养、革新精神和创造能力。只有这样，学校所培养的人才才能适应未来的变化，才能以新的思维方式去捕获新的、有价值的信息，才能在未来的工作中敢想、敢干，为社会创造财富。目前，通过信息化教学发展学生的创造性思维，培养创造型人才已经成为世界各国教学改革的重心。

（五）教师主导作用与学生主体作用相结合的原则

建构主义的学习理论要求学生主动建构知识，教师成为学生建构意义的促进者，强调学生的主体地位与教师的主导地位。学生的主体性在教学过程中具体表现为自主性、主动性和创造性。教师主导作用与学生主体作用相结合原则是指在信息化教学过程中教师既要充分发挥自身的主导作用，又要充分调动学生的积极性与主动性，正确处理教与学的关系，把教师与学生的积极性都调动起来。

在信息化教学中，应该充分强调学生作为学习主体的重要性以及在教学过程中发挥积极作用的必要性。这是由于学生的学习是一种自主性高、积极主动的行为，学生需要在接受教师提供的所有认知资料后，主动采取积极自觉的思维方式消化和运用，使其成为自己的知识。教师与学生之间存在相辅相成的互动关系，其中，教师在发挥主导作用的同时，也需要协调、促进学生发挥主体作用，并与之相互依存。只有将二者有机结合、协同作用，才能有效促进学生的个性发展，提升教学效果。

（六）教学最优化原则

教学最优化原则是指在现代教育理念的指导下，在信息化教学过程中，通过对教学系统中的各个要素进行系统化设计，使各要素优化组合，从而取得较优的教学效果。

教学最优化原则，主要是依据教学效果取决于教学诸因素构成的合力这一规律提出来的。信息化教学中的要素主要是指教师、学习者、媒体和教学内容。教学最优化的标准是指在一定条件下，师生只需要花费最少的时间便能取得最大可能的教育教学效果。

第三节 信息化教学模式的理论基础

一、人的全面发展理论

教育活动的目标是推动教育活动更好发展的基础。不同的历史时期，受教育者被期望成为何种素质标准的人才，受到历史和教育观念等因素的限制而有所不同。中国古代有一种教育思想，认为需要通过学习礼仪、音乐、射术、马术、书法等方面的知识来培养国家所需的有才干的人才，这些人被称作"士"。在古希腊的教育中，教育家特别注重培养学生的综合素质。因此，他们开设了"七艺"课程，这些课程旨在让学生在身体健康、道德品质和审美能力等方面得到全面发展。在教育史上，存在着许多关于教育目的的观点，但文艺复兴后，人的全面发展几乎为近代西方每一个进步思想家所推崇，成为贯穿在近代历史文明发展中的崇高理想。

（一）马克思主义的"人的全面发展"理论

人的综合发展的本质，在于人的劳动能力得到全面发展，也就是说，人的智力和体力得到充分、协调的发展。此外，它还涵盖了人的多方面成长，包括才华、兴趣爱好和道德修养的培养。思想先驱们一直在探讨人类发展的问题，如普罗泰戈拉、圣西门、傅立叶等。直到马克思和恩格斯在吸收以前所有理论的基础上提出了人全面发展的理论，才正式确定了人的发展理论。

马克思从年轻时就开始探究人类发展的问题，他在《青年在选择职业时的考虑》中提出，人们在选择职业时，应该把幸福和自我提高作为主要考虑因素。这是马克思对于人类发展的最初描述。在进一步的思考下，马克思在《1844年经济学哲学手稿》中初步提出了人的全面发展的思想，指出"人以一种全面的方式，也就是说，作为一个完整的人，占有自己的全面的本质"。而在《关于费尔巴哈的提纲》中，马克思指出实践对于全面发展的重要意义，认为"个人的全面发展，只有到了外部世界对个人才能的实际发展所起的推动作用为个人本身所驾驭的时候，才不再是理想、职责等，这也正是共产主义者向往的"。这一连串理论初步构建了马克思有关人类全面发展的思想。之后，马克思和恩格斯在《哲学的贫困》《共产主义原理》《共产主义信条草案》等作品中不断深入探讨并发展了这一思想，最终形成了系统完备的有关人的全面发展的理论体系。[①]

马克思主义关于"人的全面发展"理论，概括起来主要包括以下几个方面的内容：

1. 人的需要的全面发展

据马克思所述，人类在本性本质上就是"需要"，所有人类的行为和活动的来源和动力都来自这种"需要"。如果没有"需要"的存在，就不会有生产活动。人类从事物质生产和社会活动的目的是满足自己的生存、享受和发展需求。每个人都应享有满足合理需求的权利，剥夺任何一个人的这种权利都是反人性、否定人类存在本质的行为。人的需要的全面发展，除了物质层面的需求，还包括社会交往、精神层面的需求，以及追求自我完善、自我实现、追求自由等方面的需求。

2. 人的主体性的全面发展

人的主体性指的是通过个人的综合素养和实践经验获得支配权并成为主导者的个性特质。作为社会历史的主要主角，人们通过自身的创造性、自主性以及积极参与历史进程的能力来实现自己的主体性，并创造出属于自己的历史。

3. 人的能力或才能的全面发展

在马克思看来，人的全面发展的核心是人的能力得到全面的发挥和提升。人类具备多种能力，包括自然能力和社交能力、潜力和实际表现能力、身体

[①] 中共中央马克思恩格斯列宁斯大林著作编译局. 马克思恩格斯发展书简 [M]. 北京：人民出版社，2021.

素质和智力等。只有当人的各种能力和才能都得到充分开发时，才能实现真正的全面发展。

4. 人的自由个性的全面发展

人类本质力量的展示主要体现在其自由个性的发展上，这种自由个性是由人的身体素质、心理素质和社会素质在不同的社会环境中所表现的集中体现，能够充分展示人的自我决定能力、主动性、个性特点和创新能力。

5. 人的社会关系的全面发展

人的社会关系是指人与环境、社会和其他人之间的相互作用。人的本质在社会关系中得以体现。人的实质并非仅限于个体内在的抽象概念，而是由其所处的各种社会关系所决定的。所以，在其本质意义上，人的全面发展实际上就是人的一切社会关系的全面发展，因为社会关系实际上决定着一个人能够发展到什么程度，一个人的发展取决于与他直接或间接进行交往的其他一切人的发展。因此，人需要积极参与社会生活的多个方面，建立广泛而多样化的社交网络，以便在交往中形成丰富而全面的社会关系。可以看出，人的内在全面发展是人类全面发展的核心。人类的社会属性及其所涉及的社会关系的全面发展是实现人类本质全面发展的必要条件。人的本质的丰富性、全面性取决于社会关系的丰富性、全面性。因此，没有个人与社会之间的普遍联系，个人的才能就得不到发展，人的社会性质也不能得以充分的体现。

（二）人的全面发展是现代教育的共同追求

古希腊哲学家亚里士多德所提倡的教育方式叫作"和谐教育"。捷克教育家夸美纽斯在其经典之作《大教学论》中，倡导泛智教育的理念，旨在为每个人提供全面完美的教育，以促进其多方面的发展，使之成为一个和谐发展的人。法国启蒙思想家卢梭是自然主义教育思想的代表，强调教育旨在促进人的自然天性的全面发展，这包括自由、理性和善良等方面的发展。瑞士教育家裴斯泰洛齐主张教育应当以培养善良意愿、理智思考、自由精神和激发人的所有潜能为目标。

(三)人的全面发展是 21 世纪社会发展的要求

21 世纪,知识经济正在不断发展进步,这是一个不可抗拒的历史性转变。知识经济本质上是人才经济、头脑经济、智慧经济。

在知识经济中,以知识、信息为基础的产业将会占据越来越大的比重,"生产"过程也会日益"非物质化"和"智力化"。而这就要求人才从学会掌握某种职业的实用技能转向注重培养适应劳动世界变化的综合能力(包括劳动技能以外的合作精神、创新精神、风险精神、交流精神等);要求人才不仅具备智力技能,还需要具备社会技能,例如,人际关系处理技能等。

二、建构主义学习理论

(一)建构主义学习理论的基本内容

1. 皮亚杰的认知发展理论

瑞士认知心理学家皮亚杰是建构主义的先驱。他的建构主义理论基于个体认知发展的观点,并发展了关于认知理论的一系列研究。从个体认知发展理论和个体发展阶段理论出发,皮亚杰认为,个体所获得的成功主要不是由教师传授,而是出自个体本身,是个体主动发现、自发学习的结果。个体通过与外部环境交互,逐渐积累了对世界的认知知识,从而促进了其认知结构的发展与变化。皮亚杰指出,"认识既不能看作在主体内部结构中预先决定了的——它们起因于有效的和不断的建构,也不能看作在客体的预先存在着的特性中预先决定了的,因为客体只是通过这些内部结构的中介作用才被认识的"。知识不仅是客观或主观的存在,它更多地反映了个体与环境互动的历程所形成的产物。[1]

个体认知结构的发展涉及三个基本过程:同化、顺应和平衡。

(1)同化

同化是指将个体已有的认知结构与外部环境中的相关信息融合在一起,即通过整合外部刺激来更新自身的认知模式。随着个体认知的进步,同化会

---

[1] 魏琴. 信息化背景下大学英语教学研究 [M]. 长春:吉林人民出版社,2020.

逐渐演变为三种不同的形式：先是再现性同化，接着是再认性同化，最终是概括性同化。再现性同化是指在面对某一刺激时，个体会表现出与其他人相似的反应。再认性同化是基于个体分辨不同物体之间差异并据此作出不同反应的能力。概括性同化是指能够通过个体对物体相似性的知觉，将它们归类为不同的类别。

（2）顺应

顺应是指当外部环境发生变化时，个体的认知结构会因为无法适应新信息而发生改变的过程，这个过程是由外部刺激引起的。顺应是一种适应性过程，通过这种过程，个体能够更好地理解并适应新的环境变化。顺应和同化总是同时发生的，没有完全的同化，也没有纯粹的顺应。在认知过程中，同化是在现有认知结构的基础上增加新的元素，而顺应则是对已有结构的性质进行修改和调整，以适应新的情境或信息。

（3）平衡

平衡是指个体通过自我调整机制，在认知发展过程中逐步实现从一个平衡状态向更高水平的平衡状态转变。个体通过同化和顺应这两种方式来维持与周围环境的平衡。当个体能够用已有的认知模式来同化新的刺激时，就达到了认知上的平衡状态。如果遇到无法适应的新情况，原有的模式就会失去平衡，为了恢复平衡，需要修改或者创建新的模式来适应新的情况。这就是为了寻求新的平衡所进行的调整过程。个体的认知结构是逐步建构的，通过同化和顺应不断完善和提高，而这个过程是一个不断达成"平衡—不平衡—新的平衡"的循环。

2. 建构主义学习理论的基本观点

建构主义学习理论是认知学习理论的延伸。该理论强调学生在学习过程中起着积极的建构作用，通过不断地完善自己的经验、心理结构和信念，在更真实、更实际的学习环境中建构和理解新知识。同时，该理论还注重创造性思维和发散性思维的培养，促进学生的自主学习和探索。

建构主义有着众多流派。虽然基于建构主义的不同观点存在差异，但它们在学习观点上有一些共同点。

(1)学习是学习者主动建构内部心理表征的过程

建构主义观点指出,所谓的"客观"事实是不存在的,是受到社会和文化因素的影响,以及人们对这些事实的解释和理解所构建出来的。教师不是向学生传授知识的唯一源泉,学习是在学生依据周围信息、结合自身背景知识和实际经验来建构知识的过程。在学习过程中,学生并不是被动地接受信息,他们需要主动地选择和加工外部信息,并根据新知识与自身经验和知识背景的联系,积极建构信息的意义。

(2)学习过程是一个双向建构的过程

根据建构主义理论,建构具有双重含义。一方面,它指的是通过使用现有的知识和经验,对新信息进行意义上的构建;另一方面,它还包括重新组合和调整已有经验的过程。在学习过程中,每个学习者都会根据自己的经验系统,对新信息进行编码和构建自己的理解。同时,新经验的进入也会调整和改变旧有的知识。因此,学习不仅是信息积累的过程,还包含了观念的改变和结构的重组。

(3)学习具有社会性

根据建构主义学习理论,人们将所拥有的经验背景和知识作为基础来构建新的知识或意义。因此,每个人文化背景和社交环境的不同,导致对事物的理解存在着个体的差异。因此,个人建构知识或意义的过程不仅仅是靠自我努力完成的,还需要通过社会的共享和协商,才能进行更深层次的建构。人的天性和社会性使他们无法在社会实践中单独学习,必须相互交流和合作才能完成学习。通过对话、协商和沟通,学生能够接触不同于自我认知的观点。在这种思想碰撞和融合的过程中,他们会被激励,从而进行自我反思,更好地构建知识的意义。

(4)学习具有情境性

根据建构主义的观点,学习是通过参与真实的学习任务来发生的。通过真实的学习任务,学习者能够更积极主动地学习,同时也能够更加深入地建构知识。这些任务提供了学习的客观基础,从而促进个体的知识构建过程。学习者的知识理解和构建受特定的学习环境影响。他们的个人认知结构不仅与社会交互作用，还与个人经验背景相互作用，随着时间的推移逐渐形成和完善。知识的应用不应仅仅是简单的机械套用，而是需要根据具体情境的特殊性进行创新性的转化。

3. 建构主义学习理论的学习观

根据建构主义学习理论，知识并非来自教师讲授，而是由学习者在适宜的情境（社会文化背景）下，加之其他人的帮助（包括教师和学习伙伴），使用必需的学习资料，依靠意义建构的方式获得。学习是在一定的社会文化背景下进行的，需要通过集体合作和交流来完成意义的建构。因此，我们认为"情境""协作""会话""意义建构"是学习环境中不可或缺的四大要素和属性。

（1）"情境"

学习环境中的情境必须有利于学生对所学内容的意义建构。

（2）"协作"

协作发生在学习过程的始终。协作对学习资料的搜集与分析、假设的提出与验证、学习成果的评价直至意义的最终建构均有重要作用。

（3）"会话"

会话是协作过程中不可缺少的环节。学习小组成员之间必须通过会话商讨如何完成规定的学习任务。此外，协作学习过程也是会话过程，在此过程中，每个学习者的思维成果（智慧）为整个学习群体所共享。因此，会话是达到意义建构的重要手段。

（4）"意义建构"

意义建构是整个学习过程的最终目标。所需构建的含义涵盖事物的特性、规则以及事物之间的内在关联。在学习中协助学生建构意义，意味着帮助他们更深刻地理解当前学习内容所反映的事物的特性、规律以及该事物与其他事物之间的内在联系。

4. 建构主义学习理论的知识观

第一，知识并非完全客观地反映现实，而任何一种传达知识的符号也并非完全准确的表达形式。它仅仅是人们对客观世界的一种理解方式、一种推测或假设，不是最终解决问题的方案。随着我们对事物的认知不断深入，它会不断地变化、完善和修正，同时也会产生新的推测和假设。

第二，尽管我们从知识中获取了很多信息，但它并不能完全涵盖世界的规律，也无法为每一个活动或问题提供可靠的解决方案。单凭现有的知识并不能完全准确和有效地解决问题，因为需要根据问题的具体情境进行再加工和再创造。

第三，个体无法脱离语言来获取知识，虽然经过语言表达后，知识被赋予了某种形式，并得到了广泛认可，但这并不代表学习者都能够同样程度地理解这种知识。真正的理解只能是学习者根据他们个人的背景和经验基础而建立的，在不同的学习环境下，理解的过程也会有所不同。如果没有真正理解，只是进行机械的记忆或者不切实际的背诵，这样的学习方式就会缺乏主动性和创造性。

5. 建构主义学习理论的学生观

第一，建构主义认为，学习者在进入学习环境之前已经具有一定的知识和经验。他们在日常生活和以前的各种学习中积累了相关的知识和经验，因此，在处理事情时都有独立的思考方式。尽管他们未曾接触过某些问题，缺乏可借鉴的经验，但当这些问题浮现时，他们会根据经验，结合自身的认知能力，构思出问题的解释和假设。

第二，在教学过程中，不能忽视学习者已经掌握的知识和经验，不应该简单地用强制的方法向学习者灌输知识。相反，应该充分利用学习者已有的知识和经验，作为新知识的基础，引导他们通过原有的知识和经验学习新的知识和技能。在教学中，我们所做的不仅仅是简单地传达知识，更重要的是对知识进行加工和转化。教师的角色不仅仅是知识的传授者，也不应该被视为知识权威的象征。相反，教师应该注重学生对各种现象的理解和看法，认真倾听他们的想法，并探究这些想法的来源。然后，教师可以根据这些想法，引导学生进一步拓展或调整自己的理解。

第三，教师和学生之间以及学生之间需要合作探究特定问题，同时相互交流、质疑、分享思路，以深度了解彼此的观点。因为拥有不同的经验背景，所以学生看待问题的角度和对问题的理解经常会存在较大差异。实际上，在学生群体中，这些不同之处可以被视为一种珍贵的现象。尽管建构主义重视个人的自我成长，但同时也应认识到外部引导的重要性，也就是说，教师在教学过程中会产生关键作用。

（二）建构主义学习理论对信息化教学模式的指导意义

根据建构主义学习理论，学习者在一定的情境中，通过与教师或其他学习伙伴的协作会话，利用必要的学习资源，积极构建知识意义，实现知识的学习。在这个过程中，学习者扮演着主动学习的角色，而教师则担任着帮助、促进和引导学习者学习的角色。教学设计时要充分考虑建构主义学习理论的指导，主要从以下几个方面着手：

1. 情境创设

建构主义学习理论认为，为了让学习者更好地学习，应该创造与现实生活相似的情境。学习者的学习动机可以通过激发学习需求的方式来增强，这就可以促使学习者有更强烈的自发学习、自我探究的意愿。另外，在具体的情境中使用知识，可以加强学习者对知识的理解和应用能力，从而有效地应用到新的情境中。在开发教学设计程序时，可以充分利用多媒体的优势，包括图像、文字、声音和视频等资源，根据课程内容有目的地整合它们，创造出生动直观的场景和情境，从而有效地激发学生的学习兴趣。我们能够通过巧妙地设计引人注目或富有启发性的问题，激发学生的好奇心，引导他们积极地探索和发现知识，致力于寻找自己的答案。通过运用虚拟现实仿真技术，我们可以模拟真实的实验场景，让学生在虚拟环境中进行实验和数据分析，这样有助于培养学生科学研究的态度和技能。

2. 学生作为认知主体的体现

建构主义学习理论强调学生不是接受知识的被动者，不是听之任之的对象，而是积极主动地加工信息的主体，在学习过程中应充分发挥认知主体的作用。教学设计不应仅着眼于传授知识，而是更应强调学生在学习过程中扮演认知主体的角色。教学设计需要同时考虑到学习者自主学习和学习者间的协作交流。

（1）自主学习的设计

在教学设计过程中，应根据不同学习内容的特点，采用不同的自主学习方式，提供能够符合学科特点的认知工具，引导学生自主完成知识的理解和构建。因此，为提升学习者的自我评价能力，需要设计具有清晰层次结构和恰当难度的测试题。此举旨在让学习者通过自我评价了解自己的学习进程，并为线上学习提供即时反馈和建议。

（2）协作学习的设计

协作学习不仅可以增强学生的创新思维和扩展思维能力，而且有助于培养学生的人际交往能力和团队合作意识。在线协作的先决条件是针对适当的协作学习任务（问题）和便利的通信工具。在教学策划中，应根据教学内容的特点，设计能够吸引学生注意、激发合作热情、促进学生积极参与的问题，以达到更好的学习效果。为了方便学习者进行在线交流和协商，我们提供了多种协作工具，比如，电子公告板、聊天室、电子邮件、协作学习平台等，让大家能够以问题讨论的形式进行协作。

3. 教师作为主导作用的体现

建构主义学习理论认为在教学过程中，教师应发挥主导作用。现在的教师不仅是知识的传递者，还是学生进行意义建构的引导者和推动者。在教学程序的开发中，我们可以通过以下三种方式来实现教师的主导作用：

（1）设计教学策略帮助学习者实现知识的意义建构

为了激发学生的兴趣和积极性，除了要有丰富精彩的课程内容，教师还需要灵活巧妙地运用各种激励和教学策略来引导学生，激发学习者的学习兴趣，为学习者提供个性化的学习辅导，让学习者成为学习的主导者，自主构建知识的意义。在课程安排方面，教师可以在引入每个章节学习内容之前，使用不同的动机激励策略，例如，情感激励、问题诱导和任务驱动，激发学生的学习兴趣。此外，还可以提供可行的学习建议和指导，帮助学习者更好地进行学习导读。教师可以针对每个章节内容的难点，采用自主学习策略，如"支架式策略""抛锚式策略""随机进入式策略"等，并提供丰富的多媒体资源和其他网络资源，以帮助学习者更好地理解学习内容。

（2）引导和监控学习过程

教师必须适时地引导学生，以确保学习过程顺利进行。教师的引导是学生自主学习和协作学习的必要条件。

通过利用人工智能技术，教师能够开发专家系统或伙伴助手，为学习者提供在线个性化的学习指导。教师还可以设立答疑区，让学生在完成单元或课程学习后，如遇困惑或难点，可随时通过电子邮件向教师提出问题，以便进行异步交流。

（3）设计学习评价

在教学过程中，教师会出各种不同类型和层次的测试题，以满足教学目标的要求。学生可以通过在线自我测试，获取反馈信息，检验自己是否达到了教学目标。教师可以提出实践性问题或任务，与课程内容相适应，并且该问题或任务具有一定综合性，让学生通过设计解决方案、创作作品或进行实验操作等实践活动来检验他们对知识的综合运用能力。

三、多元智能理论

（一）多元智能理论的产生

20世纪初，法国心理学家比奈创造了智力测验，用来测量人的智力的高低。1916年，德国心理学家施太伦提出了"智商"的概念。智商即智力商数，是用数值来表示智力水平的重要概念。亚历山大在1935年首次使用了"非智力因素"的术语。"非智力因素"是指那些影响智力因素发展的心理因素，主要包括动机、兴趣、情感、意志、性格等。这些非智力因素对智力的培养和发展有着重要的作用。

美国哲学家戈尔曼主持创立了"零点项目"，该项目于1967年在哈佛大学教育研究生院创立。"零点项目"的核心使命是探索如何增强学校内的艺术教育，促进人类大脑的形象思维发展。在从这以后的20年间，美国对该项目的投入达上亿美元，参与研究的科学家、教育家超过百人。他们先后在100多所学校做实验，有的人从幼儿园开始连续进行20多年的跟踪对比研究，出版了几十本专著，发表了大量论文。多元智能理论就是这个项目在 20 世纪 80 年代的一个重要成果。

通过对人类潜能进行多年的实验研究，加德纳在 1983 年出版了《智能的结构》一书，提出了多元智能理论的基本结构，并强调个体身上存在 8 种相对独立的智力，这些智力与特定的认知领域或知识范畴相联系，为多元智能理论提供了理论支撑。

（二）多元智能理论对教育改革的意义

1. 多元智能理论有助于形成正确的智力观

为了有效地教育学生，教师必须充分认识到智力的广泛和多样，并且注重平衡地发展和培养学生的各方面能力。

2. 多元智能理论有助于转变我们的教学观

在我国的传统教学中，"教师讲，学生听"的方式占主导地位。而根据多元智能理论，每个人都有八种独立的智力，这些智力有不同的认知发展和符号系统，因此，每个人的智力水平也各不相同。

3. 多元智能理论有助于形成正确的评价观

根据多元智能理论，人类是由多种智力构成，而不是单一智力。

4. 多元智能理论有助于转变我们的学生观

依据多元智能理论，每个人的智力构成和学习方式都是独一无二的。多元智能理论为教师树立了一种积极乐观的学生观。每个学生都有其独特的长处和优点，教师应该通过不同方式了解学生的特长，并根据学生的个性化需求采取相应的教学策略，以促进学生的特长得到充分发展。

5. 多元智能理论有助于形成正确的发展观

根据加德纳的理论，学校教育的目标在于培养学生的多元智能，并帮助学生找到适合自己智能特点的职业和兴趣爱好。因此，学校应该为学生提供机会，让学生在接受教育的同时发现自己的优势，这样学生才会对内心的兴趣充满热情并不断追求。

四、自主学习理论

1981年，以学习者为中心的理念确立起来，其中以霍莱茨的专著《自主性与外语学习》为代表。霍莱茨将自主学习定义为："学习者具备能够自己操控自己学习的技能和能力。"[①] 而国内学术界的"自主学习"在本质上与源自西方的自主学习是不同的，国内所指更接近于一种自我指导式学习。自主学习是学习者在总体教育目标的指引下，依托教师的组织指导，根据自身的需求和条件制定并实现具体学习目标的学习模式。学习者只要具备一定的自主性学习能力，就意味着学习者自身能够掌控自己的学习并确定学习目标与任务、学习方法与手段、学习时间与地点、学习内容与进度，并对学习效果给予反馈与评估。为了有效激发学习者发展其自主性及潜能意识性，根据不同的教学环境及特征，课堂内外的实际操作活动应采用风格多样的方法促进其自主性的形成。将自主形式根据学习者自主性的形成情况分为完全自主和非完全自主，前者表明学习者完全具备掌控并决定自己学习的实施过程、重难点、任务目标及反馈评估标准的能力，后者是指教师组织指导下的学习自主，旨在阐明教师会不同程度地参与其中，促进学生学习自主性的养成。

第四节 信息化教育与传统教育的不同之处

信息化教学与传统教学没有本质的区别，也是教师的教和学生的学的双向共同活动。但是信息技术的出现和多媒体在教学中的应用，使信息化教学在教学手段、教学资源、教学环境以及教学模式等方面有了新的特点。

一、教学手段的差异性

从广义来讲，教学手段就是为了实现预期的教学目的，教师和学生用来进行教学活动，作用于对象的信息的、精神的、物质的形态和力量的总和。在这里，教学手段主要表现为某种具体的教学媒体。传统的教学媒体主要有

---

① 孙晓锐，赵文杰，王鑫. 教育理论与策略研究 [M]. 长春：吉林人民出版社，2020.

黑板、教科书、标本、模型、图表等。传统的教学手段是指教师针对教学内容，运用简单的媒体，单向传播教学信息的方式。信息化教学手段主要是随着多媒体技术在教学中的应用，教师将原来以教材形式存在的各种文字、图像、数据、表格转化为数字化的教学资源，利用多媒体呈现的方式进行教学，同时，多媒体资源也能够快速方便地通过网络传递、共享，提高教学效率。

信息化教学的形式多样化，教师可以在各种类型的教学环境中开展多样化的教学，如自主学习、协作学习、探究学习等。信息化教学手段具有丰富的教学功能，通过大屏幕投影清晰地传授知识，通过网络开展小组讨论、师生答疑、作业提交、网上学习和测试等，加强师生之间的交流，培养学生的自主学习能力。利用信息化教学手段可以增强学习效果，因为它通过整合声音、图像、文字等多种信息，充分满足学生的视听感官需求，激发学生的学习兴趣。信息化教学采用的讲授方式是交互式指导，教师与学生之间互动交流，教学信息可以双向或多向传递，使师生之间拥有平等的地位，有利于教学活动的有效实施。

信息化教学有直观性，可以通过将图像、声音和颜色融为一体，将一些复杂的过程、不易观察和捕捉的现象、无法现场呈现的场景真实而生动地呈现在课堂上。这样创造出具有强烈感染力的情境，可以激发学生的学习热情，帮助他们更好地掌握知识，从而提高教学效果。信息化教学兼具趣味性和直观性，使教学过程更有趣，能够激发学生的学习热情和积极性，鼓励他们更主动、更有创意地参与学习。同时，它能够突破教学中的难点和重点，更容易达成教学目标，让学生更轻松、更愉悦地掌握知识。

尽管传统教学手段和信息化教学手段有一定的差别，但是它们都有各自的优点，在教学过程中，它们是相互补充、取长补短的关系。我们应当将传统教学手段与信息化教学手段结合起来，实现优势互补，才能最大限度地提高教学质量。

二、教学资源的差异性

教学资源是指为达成教学目标和功能而提供支持的多种资源，其中包括物品和非物品两种，例如，教学资料、学习支持系统、教学环境等，它们的综合作用可有效地促进整个教学过程的进行。传统教学资源与信息化教学资源的差异如表 1-4-1 所示：

表 1-4-1 传统教学资源与信息化教学资源的差异

差异类型	传统教学资源	信息化教学资源
教学材料	书本、教科书、挂图、教学器具、课件、教学电视等	数字化素材、教学软件、补充材料等
支持系统	教师和同伴对学习者的指导与帮助	现代媒体和学习工具对教与学过程的参与，网络信息对学习内容的补充
教学环境	以教室为主，以课堂教学为主要教学形式	以信息技术的应用为特征，教学环境和教学形式多样化

在各种教育资源中，教学材料所包含的信息十分丰富，可以为教育创造出有价值的资源。常见的教学资料包括但不限于书籍、教材、海报、教学设备、课件和教学视频等。信息化教学材料指的是以数字形态存在的教学材料，包括学生和教师在学习与教学过程中所需要的各种数字化的素材、教学软件、补充材料等，具体形式有文本、图形、图像、音频、视频等素材类教学资源，虚拟实验室、教育游戏类、电子期刊类、教学模拟类、教育专题网站等集成型教学资源和网络课程。

支持系统的核心在于为教师和学习者提供一系列的内部和外部条件，以保证教学活动的有效性和学习者的学习效果。这些条件包括但不限于为学习者提供所需的资源和设备、支持信息的获取和传递以及提供相关人员的支持等。传统的支持系统主要是指教师和同伴对学习者学习的指导与帮助和工具书对学习者学习的帮助等。信息化教学资源的支持系统主要指现代媒体和学习工具对教与学过程的参与和海量的网络信息对学习内容的补充等。

教学环境并不仅仅是指教学活动的场所，还包括学生、教材和支持体系之间交流时营造的氛围。传统的教学方式表现为教学主要在教室内进行，并以课堂教学为主要手段。而信息化教学环境则是以信息技术的应用为主要特征，包括校园网、多媒体教室、电子网络教室、电子阅览室、语音实验室、网络教学平台等，教师可以利用多样化的教学环境开展课堂教学，组织学生协作学习、探究学习，指导学生自主学习。

三、教学模式的差异性

教学模式是基于教学原则和规律而设计的，用于在教学过程中实施的一套固定的策略和方法体系。它涉及教学要素的组织方式、教学程序和相应的策略等。

随着现代信息技术在教育领域的普及，特别是网络教学的广泛应用，教师和学生都处于一个信息涌现多元的环境中，两者获得信息的机会几乎是同等的。因此，教师角色正在发生变化，转变为学生学习的指导者和合作伙伴。学生成为积极主动的知识构建者。学生需要根据自己的知识储备，积极选择、整理、加工外部信息，以便深刻理解知识的内涵。因此，信息化教学模式利用现代教育技术手段（如多媒体计算机、教学网络、校园网等）来传递信息，并激发学生的积极性、创造性和主动性。在教师的组织和指导下，该模式充分利用教学媒体和信息资源，创造了一个有利于学习的环境，使学生成为知识信息的主动建构者，从而达到良好的教学效果。在该模式下，教师的任务变为组织和指导课堂教学，学生则成为构建意义的辅助者和促进者。

教师不能仅仅通过简单的传授来让学生掌握知识，学生需要自己与学习环境互动，并进行知识建构，这种建构是不可替代的，他人无法代替学生完成。与其说教师将知识灌输给学生，不如说教师应该发展学生的能力，培养他们的主体意识、主体性、个性、创造性和实践能力。所以，在教学中应注重激发和保持学生的学习动力，为学生提供自主学习所需的工具性支持。

第二章　大学英语教学概述

作为我国高等教育的一个组成部分，大学英语教学在为社会培养高素质的综合型英语人才的过程中承担着重要责任。因此，我们应该更多地关注大学英语教学的改革和长久的发展。不同的英语教学方法源于对语言教学的不同看法，以及对语言学习的不同理解。因此，为了更好地认识和理解英语教学，我们还要了解和学习一些影响英语教学的因素。本章为大学英语教学概述，分别从英语教学的概念、英语教学的理论基础与原则、影响大学英语教学的因素、大学英语教学改革的重要性四个方面进行深入的分析。

第一节　英语教学的概念

一、教学和英语教学

（一）教学的定义

在了解英语教学的内涵之前，需要对"教学"这一概念进行了解和掌握。由于对教学的关注点不同，因此不同学者的定义也有所差异。

《英汉双解·现代汉语词典》（2002）给出的"教学"的定义是：教师把知识、技能传授给学生的过程。该定义是一种狭义的理解，把"教学"当作一个术语来理解。[①]

《朗文词典》（Longman Dictionary of Contemporary English，2003）将teaching定义为：work, or profession of a teacher，也就是教书、教学的意思。此外，它还对teachings进行了阐述：that which are taught, esp.the moral, political, religious beliefs taught by a person of historical importance，也就是"教导、学说、教义"的意思。可见，teaching与teachings是两个完全不同的概念。但是，这两个定义都没有全面覆盖"教学"的真正含义。[②]

综合上述关于教学的定义，教学应该包含三层含义，即教学（teaching），"教"与"学"（teaching and learning），教如何学习（teaching how to learn）。

（二）英语教学的定义

英语教学是一种教育活动。对教师而言，教学是引导学生学习的教育活动；对学生来说，教学则是在教师引导下的学习活动。学生是否得到发展是教学能否实现其目标的关键。教学是一个师生互动的过程，是教师教和学生

[①] 罗瑞.现代英语教学理论与发展的多维研究[M].北京：科学技术文献出版社，2021.
[②] 同①.

学，是共同完成预定任务的双边统一的活动。具体来说，英语教学的内涵主要体现在以下两个方面：

1. 英语教学是有目的的活动

英语教学的不同阶段有着不同的目标，而教学目标又具体分为不同的领域与层次。

2. 采用适当的教学手段和教育技术是英语教学的必要条件

经过多年积累和发展，英语教学已经形成了众多行之有效的教学方法。当今的科技和信息技术给英语教学带来了多种能够利用的教育技术。

英语教学的本质是教师根据英语教学目的和目标，通过有序、系统的过程，并借助相应的方法和技术，以传授和掌握英语知识为基础，同时促进学生整体素质的发展，这是一个教与学相互融合的教育活动。

二、英语教学的本质

英语教学不仅是一种语言教学，也是一种文化教学。下面对这两个方面进行分析。

（一）英语教学是一种语言教学

由于英语是一种重要的国家交际语言，因此对英语的教学是一种语言教学。语言教学的目的是培养学生使用语言的能力。对于中国人来说，英语是一门外语，英语教学也就是外语教学。从人类外语教学的发展历史来看，外语教学离不开外语知识教学，以外语知识为基础的外语教学有利于学生运用外语能力的培养。因此，英语教学作为语言教学，其本质应该是培养学生综合运用英语的能力。

需要特别指出的是，一些以学习语言知识而进行专门研究的语言教学并不是以运用语言为目的，因此对其的教学并不属于语言教学的范畴，如古希腊语的研究、古汉语的研究等。

（二）英语教学是一种文化教学

文化孕育语言，语言反映文化，二者有着密切的联系。在进行英语教学的过程中，不仅需要学习者了解英语基本的语言知识，还需要培养和提高其英语思维能力，从而便于日后的语言应用。从这个意义上说，英语教学也是一种文化教学。

第二节 英语教学的理论基础与原则

一、英语教学的理论基础

（一）结构主义语言学

从19世纪末到20世纪中期，不少学者如帕西（Passy）、布龙菲尔德（Bloomfield）、斯威特（Sweet）、韩礼德（Halliday）都对语言的结构进行了分析和研究，并提出了很多重要的观点。在众多研究中，美国和英国的语言学家对结构主义语言学的研究作出了重要的贡献。

1. 美国的结构主义语言学

美国结构主义语言学是从研究美洲印第安人口语语言开始的。由于印第安人的语言没有文字的形式，所以他们就想办法用语言符号（如国际音标）把自己口述的话如实地记录下来，然后对收集到的口语样本进行各种分析，研究它们的结构和特征。之后，美国结构主义语言学家用"描写"的方法研究了英语及其他印欧系的语言。语言学家认为语言可看作一个把意义编成语码的系统。这个系统主要由结构相关的成分构成，包括音位、词素、单词、结构和句型。一个语言系统主要包括音位系统、词素系统和句法系统三个方面。

（1）音位系统

在音位系统中，应该对音位、音位变体、音位组合的规则进行描述，还应该对连贯话语中的语音现象进行描述。

（2）词素系统

在词素系统中，应该对词素、词素变体、自由词素和黏着词素等成分和结构加以描述。

（3）句法系统

在句法系统中，应该对词的分类、短语分析、直接成分分析和句型的类型进行描述。

这些语言学家认为，语言是口语，不是书面语。学习语言应该学习口语，而学习口语就应该从学习某种语言的"当地人"所说的话开始。美国结构主义语言学家还发现语言有自己的独特结构，不同的语言有不同的音位系统、词素系统和句法系统。同样地，不同的语言在音位系统、词素系统和句法系统中的成分、结构也有所不同。因此，学习语言要注重其差异性。

鉴于语言的这种差异性特征，美国结构主义语言学家认为，学习外语语言还受母语的干扰和影响。学习外语需要克服因外语语言结构和母语结构上的差异而产生的困难和错误，如果母语结构和外语的结构是相同的，那么学习也不会产生困难和错误，也就不需要教师的教授，只要学生接触语言就可以了。因此，在外语教学中，教师应努力解决以上两个问题。

2. 英国的结构主义语言学

英国语言学家在对语言结构特别是句型结构的研究上取得了卓越的成效和显著的成果。对英国语言结构研究作出重要贡献的人物有帕尔默（H.Palmer）、霍恩比（A.S.Hornby）等。这些语言学家从 20 世纪 20 年代开始分析、总结了主要的英语语法结构，把英语语法结构归纳成一定的句型。英国语言学家主要的研究成果可以从霍恩比所著的《牛津高级现代英语词典》（Oxford Advanced Learner's Dictionary of Current English）和《高级现代英语词典》（Advanced Learner's Dictionary of Current English）等著作中看出来。霍恩比在其所著的《英语句型和惯用法》一书中归纳了很多英语句型，包括 25 种动词句型、5 种名词句型、3 种形容词句型。霍恩比还通过大量的实例说明这些句型的意义和句型与句型之间的转换性。例如，Most people considered him（to be）innocent 可转换为 Most people considered（that）he was innocent。

与美国结构主义语言学研究不同，英国结构主义语言学家的研究更加强调语言结构和结构使用情景之间的关系。20 世纪 40 年代，英国形成了结构主义伦敦学派，其代表人物有马林诺夫斯基（B.Malinowski）和弗斯（J.R.

Firth）。马林诺夫斯基将"语境"当作语言活动进行的自然环境。随后，弗斯在马林诺夫斯基研究的基础上提出，"语言必须在不同的语境下对各个层面进行研究"的观点。弗斯还总结了描述"语境"的三个特点，即参与者的特点、相关目的、语言行为的效果。在弗斯的基础上，韩礼德又提出语言的描述应该包括三个层面，即实体、结构和语境。语言学研究对应以上三个层面的是语音和音系学的研究、语法和词汇的研究以及语义的研究。[①]

（二）二语习得理论

二语习得理论研究在20世纪60年代已经有所进展，但其真正成为一门独立的学科是在20世纪70年代。该理论的主要代表人物是美国学者克拉申（S.Krashen）。该理论主要由五个假设构成，即习得/学习假设（The Acquisition /Learning Hypothesis）、自然顺序假设（The Natural Order Hypothesis）、监控假设（The Monitor Hypothesis）、情感过滤假设（The Affective Fiber Hypothesis）和输入假设（The Input Hypothesis）。下面就对这五个假设进行具体介绍。

1. 习得/学习假设

克拉申认为，"学习"和"习得"不同。"学习"是学习者通过课堂学习等方式有意识地掌握语言语法规则的过程。语言学习与有意识的系统联系在一起，学习者是通过有意识地学习语言规则和改正语言错误去掌握外语的；"习得"则是学习者在无意识的状态下掌握语言能力的过程。换言之，"习得"是指学习者在任何场合下都能够迅速、流利、灵活地运用这些规则进行交流。有意识的学习过程与无意识的习得过程是互相独立的。人们一般认为第一语言是习得的，而外语是学习的。但克拉申认为，外语也应该可以通过习得来获取，学习者可以在自然交际中使用语言来发展语言能力，而语言学习只能监控和修正语言，不能发展交际能力，只有习得才能够发展交际能力。[②]

2. 自然顺序假设

"自然顺序假设"是从普遍语法和过渡语理论的基础上发展起来的。该

[①] 徐雪元.大学英语教学改革实践[M].长春：吉林出版集团股份有限公司，2020.
[②] 曾大立.信息化教育与英语教学[M].北京：九州出版社，2018.

理论假设认为，人们对语言的自然习得是按自然顺序进行的。这里的"自然习得"是指非正式学习。无论语言学习者的文化背景有多大的不同，他们学习外语时的语法难点却是共同的。换言之，他们都有几乎相同的习得语法顺序。有实验证明，在将英语作为第二语言学习时，他们对进行时的掌握一般都早于对过去时的掌握，对名词复数的掌握早于对名词所有格的掌握。不过，克拉申认为，人们制定教学大纲时并不需要以自然顺序假说为依据。①

3. 监控假设

监控假设反映了"语言习得"和"语言学习"之间的内在关系，说明了学习的作用。根据监控假设，语言习得与语言学习的作用是不同的。语言习得系统认为，潜意识的语言知识才是真正的语言能力；语言学得系统则认为，有意识的语言知识只在第二语言运用时起监控或编辑的作用。这种监控功能既可能发生在语言输出（说、写）前，也可能发生在语言输出后。但是，监控功能要想发挥作用还需满足以下三个条件：

（1）有充足的时间

语言使用者只有具有足够的时间才能有效地选择和运用语法规则。

（2）注意语言形式

语言使用者必须考虑语言的正确性。

（3）知道语言规则

语言使用者要具有所学语言的语法概念及语言规则知识。

这种监控作用在不同的语言交际活动中会导致不同的交际效果。在口头表达时，由于语言输出的速度相对较快，因此如果人说话的时候过分考虑语法，试图不断地纠正自己的语法错误，说起话来就会结结巴巴，阻碍交际的顺利进行；在书面表达时，由于语言输出的速度相对较慢，且受话人也更关注语言的形式，说话人有足够的时间推敲词句、斟酌语法，因此交际效果就会好很多。

4. 情感过滤假设

"情感过滤假设"中的"情感"指的是学习者的动机、需求以及情感状

---

① 曾大立. 信息化教育与英语教学 [M]. 北京：九州出版社，2018.

态。这些情感因素对语言的输入具有调节功能，或促进语言输入，或阻碍语言输入，因而又被视为可调节的过滤器。过滤器对语言输入而言是必不可少的，只有通过过滤器，语言输入才能到达语言习得机制，从而为大脑所吸收。外语学习者对所学语言的情感是积极还是消极对语言输入的影响较大，积极的情感态度有助于更多地输入目的语，而消极的情感态度则会过滤掉较多的目的语。

5. 输入假设

在第二语言习得理论中，输入被认为是非常重要的因素。它的关注点不是学习过程，而是取得成果的过程。据假设，语言运用能力并非在教学过程中获得，而是在不断接触理想输入的过程中逐渐自然形成的。这表明，优质的输入对于提高语言能力至关重要。以下是合理输入的四个关键特征：

第一，足够的输入（i+1）。i+1是克拉申提出的著名公式，其中，"i"代表习得者现有的水平，"+1"表示语言材料应略高于习得者目前的语言水平。根据这一观点，人们无须故意地输入i+1类的语言，而只要习得者能理解输入的材料，且达到了一定的量，就意味着他已经自动有了这种输入。

第二，可理解性。理想的输入意味着输入的语言必须可以理解，不可理解的输入对学习者不仅无用，还会打击学习者学习的积极性。由此可见，可理解性的语言输入是语言习得的必要条件。

第三，既有趣，又有关联。输入的语言材料如果具有一定的趣味性，且与习得者的生活有一定关联，就会增加语言习得的效果。

第四，非语法程序安排。在语言习得的过程中，按语法程序安排的教学活动一方面存在量的不足，另一方面也是完全不必要的，重要的是要有足够的可理解的输入。

（三）输出假设

克拉申认为可理解的输入在第二语言习得中起着主导作用，而斯温（Swain）认为输出在第二语言习得（以下简称"二语习得"）中有着显著作用。斯温根据她的"沉浸式"教学实验提出了输出假设。她认为语言输入是二语习得的必要条件，但不是充分条件；要使学习者达到较高的外语水平，除了靠可理解性输入，还要有可理解输出；学生需要被迫使用现有语言资源，需要对将要输出的语言进行构思，保证其更恰当、更准确，并能被听者理解。这样，既可以提高学习者语言使用的流利程度，又能使他们意识到自己在语言使用中存在的问题。①

（四）社会语言学

社会语言学是一门新兴的语言学分支，主要研究语言的社会本质和差别以及影响它们的社会因素。由此可见，社会语言学将语言当作一种社会现象进行研究，并认为语言最本质的功能就是社会交际功能。海姆斯曾指出，"交际能力是运用语言进行社会交往的能力，既包括语言能力，也包括影响语言使用的社会文化意识能力；既包括言语行为的语法正确性，又包括言语行为的社交得体性"②。这一理论即"交际能力"理论。

社会语言学主要研究语言与文化、职业等之间的关系，研究语言在不同的社会环境及条件下的应用。社会语言学认为，人们在表达同一思想内容时所使用的语言会因为种族、民族、性别、年龄、身份、经济地位、文化程度及场合等方面的不同而产生较大的差别。例如：

Come here, John.

对熟悉、亲近的人所说的话。

Come here please, Mr. Brown.

对年长的或不熟悉的人所说的话。

Would you please come this way, Mr. White?

在较隆重的正式场合或引导外宾时所说的话。

社会语言学的研究促使人们更加关注语言使用的得体性，同时也促使教育工作者更加重视培养学生得体地使用语言的能力。在此影响下，交际法应运而生。

---

① 曾大立. 信息化教育与英语教学 [M]. 北京：九州出版社，2018.
② 侯旭. 社会语言学 [M]. 南京：东南大学出版社，2010：23.

(五)比较语言学

比较语言学又称"历史比较语言学"。比较语言学就是将相关的各种语言放在一起进行共时的比较,或对某一种语言历史发展的不同阶段进行历时的比较,目的在于找出不同语言之间以及同一语言的不同发展阶段之间在语音、词汇、语法上的对应关系和异同。简单来说,比较语言学着重研究两种语言(外语和母语)或同一语言不同历史阶段的异同。利用比较语言学,人们一方面可以研究相关语言之间结构上的亲缘关系,找出它们的共同母语,或了解各语言自身的特点,以指导语言教学;另一方面也可以找出语言发展、变化的轨迹以及导致这些发展、变化的原因。19世纪,比较语言学的相关理论就被广泛地应用于印欧语的语言研究,并取得了不小的成果。

比较语言学在英语教学中的应用体现在比较教学法上。教师通过比较英语与汉语两种语言可以发现英语的特点以及两种语言之间的差别,从而预测和分析学生在学习英语过程中可能会遇到的难点,并据此有针对性地确定教学内容、制订教学计划,向学生提供恰当的指导和帮助。

(六)行为主义学习理论

美国心理学家华生(John B. Watson)在20世纪初开创了行为主义学习理论,这一理论强调外部刺激对个体行为的影响。从行为主义者的观点来说,学习是在外界刺激与个体响应之间建立联系的,它们的基本理论认为个体的行为是对环境刺激作出相应行动所形成的。他们将环境视为刺激,而将生物的反应视为随之而来的,他们认为所有行为都是通过学习获得的。赫尔(Clark Leonard Hull)、桑代克(E.L Thomdike)、斯金纳(Skinna)是行为主义学习理论的代表人物。在他们的引领下,行为主义学习理论在美国执掌舞台长达50年。斯金纳更是将行为主义学习理论推向了高峰,其著作《言语行为》的出版,标志着行为主义在语言教学理论中统治地位的确立。下面具体介绍华生和斯金纳的理论。

1. 华生经典行为主义理论

华生把有机体应付环境的一切活动称为行为,行为的基本成分是反应,反应分为习得的反应和非习得的反应。前者包括我们的一切复杂习惯和条件反射，后者则指我们在条件反射和习惯形成之前的婴儿期所做的一切反应。他把引发有机体反应的外部和内部的变化称为刺激，而刺激必然属于物理的或化学的变化。任何复杂的环境变化，最终总是通过物理变化或化学变化转化为刺激而作用于人的身上。换句话说，刺激和反应都属于物理变化或化学变化。由此便形成"刺激—反应"公式，通过刺激可以预测反应，通过反应可以推测刺激。

华生认为学习就是以一种刺激替代另一种刺激建立条件反射的过程。在他看来，人类出生时只有几个反射和情绪反应，所有其他行为都是通过条件反射建立新的"刺激—反应"联结而形成的。[①]

华生认为心理学应当放弃对于主观性如意识和意象的多种考虑，仅仅集中于观察到的并可以客观测量的刺激和反应。华生将其称为"黑箱作业"，意思是无须关注中间过程。他的观点是一个人的行为模式是受环境影响的后天习得的。他坚信，不论是正常行为还是病态行为，都经过了学习才获得，而且这种学习可以帮助人们改变、增加或者消除不利行为。他同时认为，可以发现环境刺激和行为反应之间的规律性关系，从而预知反应或推断刺激，来预测并控制人和动物的行为。华生的看法是，行为是由有机体对环境刺激作出的多种躯体反应所组成的，这些反应可能表现在身体外部，也可能隐藏在身体内部。

2. 斯金纳新行为主义理论

在20世纪50年代，以斯金纳为首的新行为主义者创造了新的行为主义思想，把行为作为基本的研究对象，并把重点放在对行为的实验分析上。

斯金纳认为，人的语言行为与其他行为相似，是一种可以通过各种强化方式加强的操作性行为。他提出的"操作制约"（operant conditioning）观点是行为主义学习理论的一个重要组成部分。这一观点强调，可以将语言学习的过程看作一个不间断的操作（operant）过程，即发出动作，得到一个结果或一个目的，这一动作就被称为"操作"。如果这一动作的结果是满意的，操

---

① 朱佩兰，刘菲. 英语教育与文化融合 [M]. 北京：北京工业大学出版社，2017.

作者就会重复"操作",这时"操作"便得到"强化"。这也称为"正向强化"(positive reinforcement)。人的语言学习过程正是这样一个不间断的"操作"过程,使其语言行为逐步形成。①

在某一语言环境中,他人的声音、手势、表情和动作等都可以成为强化的手段。例如,教师可以通过表扬、肯定、满意的表示使学生的某种言语行为得到强化。由于言语行为不断得到强化,因此学生就能逐渐养成语言习惯,学会使用与其语言社区相适应的语言形式。如果没有得到强化,语言习惯就不能形成,语言是不能学习到的。在学习时,只有反应的"重复"出现,学习才能发生。因此,"重复"在学习中是相当重要的。

二、英语教学的原则

(一)主体性原则

在课堂教学中,教师是主导,学生是主体,二者只有相互协调、相互配合,教学质量才有保证。教师应熟悉教学内容,了解有效的学习方法和学习途径。在教学过程中,教师必须以学生为中心来发挥自己的指导作用,为学生创造学习条件,随时给学生提供帮助,调动学生的学习积极性。总之,教师的一切教学工作都是围绕学生的需要而进行的。

教师的主导作用在于帮助学生加速学习进程。在学生遇到困难的时候,教师要及时给予帮助,使学生的困难得以及时解决;当学生面对困难不知所措时,教师要及时引导,使学生找到解决困难的办法;看到学生愿意接受学习任务且跃跃欲试时,教师应该给予学生更多的锻炼机会;看到学生的学习情绪不高时,教师要及时给予鼓励,提高学生的学习热情;看到学生在学习上取得成绩时,教师要及时提出更高的要求,使学生始终保有目标,继续努力。

教师以学生为中心,就是要求教师的心里时刻装着学生,教学的一切工作围绕学生的学习进行。当备课、教课或批改作业时,教师需充分考虑学生的情感状态和需求,并准确观察他们的面部表情和反应,深入分析学生的学

---

① 曾大立.信息化教育与英语教学[M].北京:九州出版社,2018.

习情况，灵活调整和改进教学方法，以满足学生的个性化需求。教师只有以学生为中心，才能让学生明确学习意义、学习内容和学习目标，才能使学生看到奋斗的目标，使学生看到已经取得的成就，在学习的道路上勇往直前。

（二）交际性原则

学习英语的目的在于用英语进行交际。使用英语进行交际是英语教学的中心问题，也是英语教师在工作中必须时刻注意和认真考虑的问题。英语教师在教学过程中，必须遵循交际性原则。

英语教学的目的是培养学生使用英语进行交际的能力。要达到这一目的，教师要把英语作为交际工具来教，还要引导学生把英语作为交际工具来学、来用，力争做到英语课堂教学交际化。在英语课堂上，教师不应仅仅讲授语法知识，学生也不应仅仅满足于听、记语言知识，教师要尽量利用教具创造适当情境，给学生提供将英语作为交际工具进行真实的或逼真的练习机会，学生应该抓住练习机会，通过反复操练，培养用英语进行交际的能力。

课堂上教师要做到讲练结合、精讲多练。其中，"讲"一词指的是教授语言知识，而"练"则是指进行实际的语言运用练习。尽管学生的语言能力是在实践中培养和提高的，然而对一些语言知识的适当讲解有助于学生更自觉地进行练习，从而提高学习效果。比如说教游泳，如果只讲授游泳理论却不进行实际练习，就很难教人学会游泳。但是通过讲授游泳的要点，让人们认识到学习游泳的正确方法，再经过大量练习，就可以让人们学得更快。因此，英语课必须以语言实践为主，将绝大部分时间用于实践练习，但是也要花一定的时间讲授语言知识。

教师需要意识到，在英语教学中进行的语言练习并不等同于实际语言交流。语言训练旨在让学生掌握语言形式，并强调语言形式的重要性。语言交际注重于传达语言信息，以促使双方相互理解。语言训练是必不可少的，它可以帮助学生提高英语交流能力。在教育过程中，这两个要素同样至关重要，后者建构于前者的基础之上，缺乏其中任一项都将导致教育流于表面。有时，这两个要素之间的界限并不明显。

英语课上的实践练习包括以下几类：机械练习、有意义的操练、交际性操练。机械练习，如句型操练；有意义的操练，如围绕课文进行模仿、问答、复述；交际性操练，如利用课文里的词句，叙述自己的想法等。在教授新的学习内容时，教师应当采用逐步升级的方式，从简单到复杂，循序渐进。首先进行基础机械练习，其次进行有意义的实践，最后再进行交际性的练习。这些练习逐步加深学生对语言交际的理解，并强调学习的阶段性，即从练习逐渐转化为交际，致力于提高学生能够运用所学的新材料进行语言交际的水平。

教师应努力让课堂练习更贴近实际语言交流，增加学生说话的机会，并创造一些情境，使学生能够感受到英语交流在真实环境中的运用。此外，教师可以通过英语进行组织教学、讲解知识、布置作业、对学生进行评价以及解答学生的疑问等，将学生置于全英文环境中，从而培养学生的英语应用能力和习惯。

（三）兴趣原则

1. 兴趣教学

在兴趣教学中，激发学生兴趣是实现教学目标的主要策略。因此，在兴趣教学中，教师需要根据教学对象和内容，采用灵活多样的教学方法，利用学生的好奇心、求新欲望，营造一个温馨和谐的氛围，从而在愉悦的情感体验中掌握知识和技能，实现最佳的教学效果。

兴趣为导向的教学可以扩展学科范围，提高综合素养水平。首先，兴趣教学注重学生个性和兴趣方面，以激发学生自觉学习的主动性。其次，采用兴趣教学方法将直接关系到学生掌握所学知识的效果、智力发展和能力提升，以及学生自主、创新、终身学习的能力。

2. 学习兴趣

学习兴趣是推动人们主动探究和学习知识的一种内在驱动力。学习兴趣会带来以下效果：第一，它能让学习过程变得生动有趣，并激发学习的动力，缓解学习疲劳；第二，激发对学习最终成果的兴趣，促使人坚持学习；第三，让人在扩展知识的同时，提升其内心世界的丰富性；第四，激发人们的思维，让人们能够巧妙运用所学知识，以深刻的印象理解并掌握它。

经验告诉我们，激发学生的好奇心和求知欲，在吸收知识的过程中不断增强学生的兴趣和渴望，从而达到提高学生学习效果的目的，让他们能够深入学习知识。学习兴趣的存在可以促进专注力的培养，进而推动学生更加努力地学习和认真思考，从而使他们的学习获得更加显著的成效。有研究表明，对于学习者而言，学习兴趣是提升学习动力的重要基础。

3. 多方面兴趣论

德国哲学家赫尔巴特提出的多元兴趣理论认为，心理学与教育学密切相关，能够为实现教学目标提供相应的方法和途径。教学的关键在于激发学习者对知识的多样性兴趣，这是基本且必须的条件。因此，多方面兴趣论提倡引导学习者主动学习、积极探究。兴趣方面可以分为六种，每种兴趣都具有其特定的指向对象和特征。为了实现学习者的全能发展，必须协调并促进各种兴趣的发展，而这种发展需要基于广泛的知识储备。据赫尔巴特观察，当学习者感到有趣时，通常会发生以下两种心理现象：一种是注意力高度集中，全情投入学习；一种是进行反思，对所学知识进行深入思考，并融合已有的知识，从而形成个人独特的理解。对某些事物的兴趣能够引发人们的爱好，并且激发学习该事物知识的渴望。赫尔巴特的多重兴趣理论对当今的学习者和教育者提供了有益的参考和启示。此理论认为，教师可以从多个兴趣角度出发，激发学生对学习的热情。重要的一点是，兴趣与知识相互促进，学习者可以通过培养多元化的兴趣来推动自己学习各种知识。兴趣和能力之间存在辩证统一关系，学习者可以通过培养多样化的兴趣来提升各项能力，也可以通过培养各项能力来培养多方面的兴趣。这样，不同领域的兴趣和能力相互促进，从而使我们的知识更加丰富多彩。因此，为了提升学生的学习效果，教学过程中应该运用有趣的知识引发学生的兴趣，从而促进学生对知识的热情。在这样的过程中，知识和兴趣能够相互促进，共同提高。教师应该运用多种因素来激发大学生对学习英语知识的兴趣，从而提高他们的学习积极性。这样一来，学生不仅能够感受到学习的趣味性，还能够接触到各种不同的知识领域。兴趣和能力是密不可分的，教师需通过灵活多样的教学方式激发大学生的兴趣，以此提高他们的综合能力水平。

(四)重视文化原则

学生学习英语不仅仅是学习单词及语法,也是在学习语言文化。语言既是文化的一部分,也是文化的重要载体。因此,文化教学理应成为语言教学的重要组成部分。重视文化原则需要教师做到以下两点:

1. 加强文化知识的传授,鼓励学生积极参与实践

除了加强学生基础知识积累,教师还应该注意培养学生的英语交际能力,并传授英语文化知识。在课堂上教授文化方面的知识,并促进学生在课内外练习和巩固,鼓励学生积极参与英语角、演讲比赛、话剧表演等活动,举办英语讲座,听报告、听广播或观看视频等,以培养学生在实践中应用语言的能力和技巧,提高听、说、读、写的水平,增强知识积累。

2. 利用教材渗透多元文化,提高学生的英语文化水平

教师可通过结合教材内容,不断拓展思路,引导学生了解相关的文化信息。在语言里,词汇是最具活力的部分之一,也是最重要的文化传承方式之一。因此,教师在平常的授课中应留意提及英语词汇所承载的文化内涵。许多英语单词源自神话、寓言、传说,或者与一些名著有紧密联系。对于学生来说,熟悉相关的文化知识可以增加他们理解和应用英语单词的能力。

语法教学应与多元文化相结合,以便教师能更好地教授该课程。通过适当的中英文对比,教师可以激发学生的探究欲望,提高他们的学习积极性,同时也能拓宽他们的知识范围,巩固英语语法知识,提升运用英语的能力,并让学习过程更加充实丰富。

第三节 影响大学英语教学的因素

一、政策因素

政策因素指的是教育行政管理部门从政治、经济、社会等方面对人才的需求等所制定的相关外语教育政策。这些外语教育政策中会对英语教学提出具体化目标，这些目标可以使教学活动更加具有针对性，提高人才培养的实用性和现实性。

政策因素对大学英语教学的影响可以分为以下三个方面：

第一，大学英语教学是关系到我国 21 世纪发展和人才培养的重要因素。英语教学对学生的整体素质、能力、知识结构等产生重要影响，且这些因素对社会的发展也有间接影响。

第二，国家政策对教师的工作热情和积极性具有重要影响。

第三，学生的分配。学生获得的相关证书等对其毕业和工作有着重要影响。

二、环境因素

环境因素对大学英语教学有着重要影响，大学英语教学的有效实施需要社会以及学校等各方面的积极配合，社会以及学校的外部环境、教学设施、相关因素的完善与否对大学英语的教学质量具有举足轻重的作用。

（一）社会环境

社会环境主要指经济发展状况、科学技术水平、人文精神、社会群体等对英语学习的态度以及社会对英语的需求程度等。社会因素是影响和制约外语教学的重要因素。外语教学大纲的制定以及课程标准的设置都需要以符合社会对于英语人才的需求等为依据。社会环境因素对教学具有导向作用，是大学英语教学向前发展的动力。

（二）学校环境

学校环境主要涉及班级人数的多少、教学设施、教学信息、教学资料、英语课外活动、校风班风、师生人际关系等。学校是为学生提供学习场所和学习手段的最佳环境，对大学英语教学的影响更直接。学校的教学质量、管理水平以及各项硬件设施的完善与否对大学英语教学的效果起着关键性作用。

1. 教学设备

教学设备是学校教学的重要组成部分，学校教学设备包括很多方面，教室、图书馆、实验楼、办公楼、宿舍等都属于学校的教学设备。教学设备的完善程度直接影响着英语教学活动的开展。好的教学设施有助于增强学生的学习意识。一些语音教室和多媒体设备可以为学生的英语口语学习提供必要的技术支持,学生可以通过语音教室等提高自己的口语水平,这些设施也在一定程度上缓解了学生的学习疲劳,有助于激发其英语学习兴趣。

我国科技和信息技术飞速发展,"互联网+"已成为各个领域和行业的必然趋势。在教育领域中,智慧黑板等设备的广泛应用为教学工作发挥了关键作用。智慧教室建立在多媒体教室的基础上,但是其智能化水平更高。在整个授课过程中,智慧教室能够实时监测和精准感知学生的状态,提供教师的教学辅助设备,并对教学过程进行细致的分析,从而提高课堂教学和教学质量。应用智慧教室技术可以促进学生由被动听课转变为主动学习,让教学变得更加智能化和智慧化。

2. 教学信息

现代化的教学设施不仅可以为学生提供一些学习的工具,还可以拓宽学生的信息渠道。学生的英语知识不仅可以通过教材和课本获得,还可以通过互联网来获取。英语学习需要实践,只在课本中学习英语很难从根本上提高英语水平,因此,现代的信息网络技术为英语学习提供了较好的信息来源,使学生能够通过互联网与外界的英语世界进行交流与学习。

三、教师因素

教师在大学英语教学中扮演着重要的角色。他们不仅仅是知识的传授者,还是学生学习的引导者和榜样。在大学英语教学中,教师的作用可以从以下几个方面来详细叙述:

第一,教师在大学英语教学中的作用是传授知识。教师通过讲解课文、语法、词汇等内容,帮助学生掌握英语的基本知识。他们可以通过讲解、演示、示范等方式,使学生理解和掌握英语的基本规则和用法。教师还可以通过讲解课文的背景知识,帮助学生更好地理解和运用英语。

第二,教师在大学英语教学中的作用是激发学生的学习兴趣。教师可以通过丰富多样的教学方法和教学资源，使英语学习变得有趣和生动；可以利用多媒体教学、游戏、小组讨论等方式，激发学生的学习兴趣和积极性。此外，教师还可以通过组织英语角、英语演讲比赛等活动，培养学生的英语交流能力和自信心。

第三，教师在大学英语教学中的作用是引导学生的学习方法。教师可以通过教授学习策略和技巧，帮助学生提升学习效果。教师可以教授学生如何有效地提升阅读、听力、口语和写作等技能，以及如何进行自主学习和自我评估。教师还可以指导学生学习如何利用各种学习资源，如课外阅读、网络资源等，从而切实有效地提升英语学习的效果。

第四，教师在大学英语教学中的作用是评估学生的学习成果。教师可以通过考试、作业、小组讨论等方式，评估学生的英语水平和学习成果。他们可以根据学生的表现，及时给予反馈和指导，帮助学生发现自己的不足和提高的方向。教师还可以通过定期的学习评估，了解学生的学习情况，及时调整教学内容和方法，以提高教学效果。

第五，教师在大学英语教学中的作用是培养学生的综合能力。教师可以通过课堂教学和课外活动，培养学生的听、说、读、写、译等多方面的能力。教师可以通过组织小组讨论、演讲比赛等活动，培养学生的口头表达能力和团队合作能力。同时，教师还可以通过布置写作作业、阅读材料等，培养学生的写作和阅读能力。教师还可以通过教授翻译技巧和方法，培养学生的翻译能力。

总之，教师在大学英语教学中扮演着重要的角色。他们不仅是知识的传授者，还是学生学习的引导者和榜样。他们通过传授知识、激发学习兴趣、引导学习方法、评估学习成果和培养学生综合能力等方式，帮助学生提高英语水平和学习能力。教师的努力和付出，对学生的学习和发展起到重要的推动作用。

四、学生因素

（一）学生的角色

大学英语教学须覆盖所有学生，以帮助他们实现全面和持久的发展。学生的学习方式应该成为教学的核心，注重培养学生的学习意愿、学习习惯和学习能力，鼓励学生培养积极主动的学习方式。同时，需要关注学生自我评价、评价激励、反馈和调整功能。教学中学生所扮演的角色主要有如下几个：

1. 主体

学生是学习的主体，也是教学活动的主体。学生对知识的探索、发现、吸收和内化等实践，不仅有助于逐步构建自己的知识体系，而且有助于形成科学的世界观、人生观和价值观。

2. 参与者

教师在大学英语教学中应激发学生的学习兴趣，激发学生的参与积极性，让学生乐在其中。在学习过程中，学生应充分思考，积极参与，表达观点，展示个人才能，保持浓厚的学习热情。

3. 合作者

大学英语学习是在师生、生生之间进行的，所以，学习过程也是团队合作的过程。学生在学习中互相学习，彼此促进，共同提高，协商与互助的氛围使每个人都能感受到集体的力量和团队合作的精神。

4. 反馈者

在大学英语教学中，学生会根据自身的学习经历以及教学法的适用性向教师提出建议，协助改进教师相关问题和完善教学内容和教学方法，以此促进英语教学。

（二）学生的个体差异

教育的根本目的在于培养人，这就要求教育者掌握学生生理、心理发展的规律和个体差异。由于学生在学习动机、学习态度以及性格等方面存在个体差异，因此他们在理解和掌握新知识的速度和程度上各不相同。为了实现有效教学，需要根据每个学生的个体差异来制订教学计划，选择最适合的教学材料和方法。下面介绍个体差异的主要方面。

1. 认知风格

认知风格是指个体在处理信息的过程中所表现出来的认知组织和功能方面的个性化特征，包括个体知觉、记忆、思维等认知过程中的差异，也涉个体的人格形成、态度和动机等方面的差异。这种风格是持久的，贯穿一个人的整个认知发展过程。学习者的认知风格因人而异，每种认知风格都有其独特的优缺点。学生有各自偏好的信息处理方式，在学习不同的材料时也会表现出各自的优劣之处。然而，当学生的认知方式与教师的教学方式和其他学习环境因素相匹配时，学生的学习成果将更加显著。

2. 语言潜能

语言潜能指的是一个人在语言学习方面的潜在能力，包括其学习外语的认知能力、倾向等方面。教师要通过刻苦学习和努力提高外语水平来提升学生的语言综合运用能力，同时，通过了解学生的认知素质来预估他们在学习外语方面的潜在能力。学生之间的语言潜力存在一定的差异。在大学英语的授课中，教师需要了解学生的语言潜力，根据学生的个性化特点适度调整授课策略，以便学生在不同的学习场景下发挥个人优势，从而实现事半功倍的教学效果。

3. 情感因素

学生在大学英语学习过程中受到个人情感因素的影响，如性格、态度、学习动机等。性格是指一个人对于现实的态度和行为方式的心理特征，通常表现得相对稳定，但也可以随着时间、社会环境等因素的变化而发生变化。学生的性格不仅是情感方面的重要因素，还是影响其在大学英语学习中获得成功与否的关键因素。态度是个体对待他人或事物稳定的心理倾向或为达到某种目的而作出的一定努力。态度一般包括认知成分、情感成分和意动成分三个方面。在情感因素中，认知成分指的是对特定目标的信念，情感成分是指对某个事物或目标的情感态度强度，意动成分指的是针对某个目标的行动意愿和实际行动。学习动机是指一种内部心理状态，能够驱使个体积极地参与学习活动，以实现既定的学习目标，同时也确保持久的学习动力。内在动机是直接驱动学生进行外语学习的动力，对外语学习成绩的提高起到了至关重要的作用。

第四节　大学英语教学改革的重要性

一、大学英语教学的新要求

（一）重视对学生综合语言运用能力的培养

1. 大学英语学习的主要目的是掌握语言技能

语言技能不仅包括听力、口语、阅读和写作四个方面的技能，还包括在这些技能上的综合运用能力。在这些技能中，听力和阅读是口语和写作的先决条件和基础，综合应用能力至关重要。换句话说，语言的输入是语言输出的基础，一个人想要表达，必须先吸收外界信息，提高语言运用能力必须在听取和阅读信息并表达自己的交流过程中进行。

2. 必要的语言基础知识学习是不可缺少的

语言基础知识是发展语言技能的重要方面，是语言能力的有机组成部分，是形成能力的基础，因此，学习英语语言基础知识是必要的。但是，要培养学生的综合语言运用能力，既不能把学习语言基础知识作为课堂教学的唯一目的，也不能为了培养学生的英语运用能力完全否定语言基础知识的学习。

3. 注重学生的心理因素

心理素质不仅是影响英语学习的重要因素，也是人健康发展的一个重要方面，学生的心理素质对他们语言运用能力有重要影响。学习动机是学生学习英语的首要心理因素，而对英语学习的态度、兴趣和情绪则是促使学生产生英语学习动机的核心因素。因此，在大学英语教学中，教师应该想方设法地去激发学生对英语学习的兴趣，提高学生对英语学习的热情，激励学生对英语学习的动机。学生只有对英语有了学习动机、兴趣、积极的情感，才会主动参与课堂活动，配合教师的课堂教学，才可能对英语学习保持一股持之以恒的热情与动力，形成良好的学习习惯与求学精神，不断完善自己。

4. 培养学生正确的学习策略

学生综合英语运用能力的培养与其学习策略有关。教师在教学过程中，还需要指导学生探究正确的英语学习方法，选择正确的英语学习策略。我们提倡教学要以学生发展为本，要对学生"授之以渔"，实际上就是要教给学生英语学习策略。掌握正确的学习策略，可以提高英语学习效率，收到事半功倍的学习效果。而好的学习效率，又可以提高学生对英语学习的兴趣与热情，提高课堂教学效率。

（二）重视对学生认知能力的培养

在英语教学的发展过程中，人们逐渐意识到了语言的真正作用是作为社交工具。因此，教学不再侧重于知识传授，而是注重对实践技能的培养。本书的观点是，大学英语教学不仅是获取交际所需的语言技能和相关的语言知识，同时也是发展智慧和培养认知能力的教育过程。

提高学生认知能力对大学英语教学有重要意义。从语言与思维的关系看，思维是以语言为物质载体和构思工具得以发展的，同时，语言能力和思维能力是相互促进、协调发展、辩证统一的。语言是人类文化的"活化石"，凝结了人类文化的成果，记载着不同的社会历史背景及相应的不同的思维方式。可以说，学习一种语言，也就是学习一种文化，就是进入一种新的文化视野，就是学习该语言的民族思维方式和文化心理，经历一种新的思想观念的冲击，接受一种新的思维方式的影响。在进行大学英语教学时，教师应该有意识地提高学生的思维和认知能力，让他们通过学习英语来拓展新的心理机制和认知方式，从而认识和感受世界。

（三）重视文化对语言的影响，加强文化教学

大学英语教学的目标是帮助学生了解世界和中西文化差异，培养学生的爱国主义精神，形成健康的人生观。可见，在多元文化视阈下，跨文化知识是英语教学的一个重点，培养学生的跨文化意识、跨文化感悟力、跨文化交际能力将会成为当代英语教学的一个发展趋势。

语言作为人类沟通的工具，是社会的一部分，而不是独立于人类社会之外的系统。任何一个国家、民族的语言与其文化都是相互依存、相互作用、不可分割的有机体。语言是文化的载体，不同的语言代表着不同的文化。没

有语言，文化难以负载；没有文化，语言也就是一个空壳。

在大学英语的学习中，即使基本语言知识掌握得较好，但如果对语言的文化内涵缺乏认识和了解，忽视了不同语言在文化上的差异，则会难以准确理解语言所表达的涵义。因此，教师在教学中要重视对文化背景知识的传授，有意识、有目的、尽可能多地介绍和传授西方国家的文化背景知识及中西文化间的差异，努力增加学生的跨文化知识储备，使他们了解生活在不同社会背景中的人们的语言特征和文化习惯，努力提高学生对语言和文化差异的理解能力和敏感性，提高跨文化交际的能力。

在教学过程中，教师要重视文化意识的融入，加强文化背景知识的教学，从而有助于学生更深刻地理解语言及其背后的文化，加强学生的文化理解能力，提高学生的跨文化交际能力。

（四）重视学生的全面发展

教师在进行英语教学时，应该注重学生全面的发展，刺激并培养他们对英语学习的兴趣，帮助他们建立自信心，形成有效的学习策略，并养成良好的学习习惯。

1. 教师要相信每一个学生都具有极大的潜能

我们应该相信，每个学生都蕴藏着极大的学习潜能，都有丰富而独特的内心世界。英语教师应该成为学生的朋友，与学生平等相处。只有这样，学生才会愿意与教师沟通，愿意向教师倾诉内心的想法。也只有这样，教师才能了解学生的内心世界，更好地挖掘学生的潜能，大学英语教学才会取得更大的成效。由于学生之间是有差异的，因此教师应该根据学生在英语学习中表现出来的不同学习特点，在教学中采用不同的措施，提供差异化的、切合学生实际的学习指导，给每个学生提供平等的学习机会。只有了解学生的个性特点和内在世界，教师才能够为大学英语课程创造一个适合学生展现自己、积极参与的学习环境。

2. 教师要营造和谐的教学气氛

教师要在大学英语教学中营造和谐的课堂教学气氛，尊重学生，爱护学生，实行情感教学，注重情感交流。课堂教学是人的交际过程，这个过程是否有效,取决于课堂气氛是否和谐。可以说,和谐的课堂气氛在某种意义上来说比好的教学方法更重要,而和谐的课堂气氛是实行情感教学的关键。因此,为了营造和谐的课堂教学氛围,实施情感教育,教师在教学中要提倡宽容,教育学生多使用英语,对学生所犯的错误不必有错必纠;教师要始终保持乐观向上的精神状态,对教学和学生满腔热情,以引起学生的积极情感;尽可能地让全体学生在学习过程中获得乐趣、满足感与成功感。当学生在课堂学习中能不断收获自己的学习成果时,他们的学习兴趣与积极性就会与日俱增。

二、现代大学英语教学的改革

(一)教学内容的改革

1. 现代大学英语发展定位分析

在英语教学的不同阶段,教学的侧重点是不同的。大学阶段的教学注重培养学生应用英语知识解决实际问题的能力,更强调英语的实用性。在真正的教学实践中,更注重引导学生参与学习的过程。信息技术的飞速发展为学生提供了更多获取信息的途径和方式,远程终端和信息扩散的发展为英语学习提供了更多的平台。

随着教育的不断发展,我们正处于一个新的发展阶段。因此,我们必须采取一些措施来改进大学英语教学。随着我国对外经贸联系的不断加深,英语在国际合作中发挥着至关重要的作用。因此,为满足经济社会对英语人才的需求,大学英语教学需要相应调整,以更好地实现教学目标。

2. 现代大学英语教学内容改革的策略

我国教育需要致力于培养具备创新和实践能力的人才,以适应新的发展阶段。同时,大学英语教学内容应该及时更新,以适应现代社会的发展趋势和教育大纲的要求。尤其要注重对英语基础知识和专业知识的革新,以更好地培养社会所需要的人才。

(1)坚持通识教育导向的内容改革

大学英语教学内容的前提是在新形势下明确其定位。现如今,大学英语教学需要更注重学生在实际工作和生活中应用英语解决实际问题的能力。除了培养听、说、读、写方面的能力，还应加强不同语言背景下的交流与沟通，促进多元文化的交流和发展，加深人们对其他国家的了解，推动自身文化的传承与发展。

通识教育旨在增强学生的综合素质、知识水平和创造性思维。在通识教育蓬勃发展的背景下，我们应当充分认识到英语教育的广泛意义，投入更多的精力来探究教材作为英语学习的载体所扮演的重要角色。我们应当根据大学生的需求，编写更为适宜、丰富的英语教材，以帮助他们深入理解英语知识和丰富文化背景。同时，我们应该了解学生的文化背景和国际知识水平，将专业知识与英语学习相互融合，为学生提供更为优质的学习体验。教材的内容应该在语言学习的基础上，涵盖学生职业规划、人际交流和创新创业等方面，这样可以让学生更加了解职场，将职场作为学习的应用场景，从而增强学习的针对性，并激发学生对英语学习的热情。从通识教育的角度考虑，在编写英语教材时应注重培养学生的人文素养，从而提升英语课程的价值。

（2）坚持职业导向的教学内容改革

在改革大学英语教学内容时，需要注重实际运用价值，考虑学生的专业背景，将英语教学与专业发展结合起来，以提高高技能应用型人才的培养。这将缩小大学生英语能力与就业所需技能之间的鸿沟，并于未来缩小高校人才培养和市场需求之间的差距。在准备教材时，需要先进行充分的市场调研，了解行业发展趋势以及岗位工作对学生语言能力的具体要求，并根据这些需求制定相应的内容。在挑选语言材料时，需认识学生的现实语言程度，结合企业的标准，对那些比较复杂的专业术语和概念，可以做适当的修改或添加注释，以降低学习的难度。根据大学生所具有的特点，我们需要重新组织教材，对各学科的知识进行整合，以便于更好地提高学生的综合素质。

（3）坚持多样化教学内容

在大学英语教学中，需要与高中阶段的英语教育进行良好的衔接，了解高中英语教学的真实目标，并了解学生在听、说、读、写方面的实际能力水平。避免重复讲解已经掌握的内容，避免浪费教学资源。当确定实际的英语教学内容时，应考虑区域经济发展、高校教育特性以及研究学生实际英语水平，以此为基础，精心策划和选择教学资料，旨在向学生提供更切实可行的教育。大学英语课程有多个方面，包括基础概念、专业领域和扩展知识。根据学生的不同英语学习需求和个性化发展，课程应致力于扩展学生各方面的知识结构，并促进不同知识之间的衔接。除了重视英语人文知识的学习，我们也要注重学生在专业领域的知识和应用能力的发展。

（4）重视英语阅读教学内容比重

在教学过程中注重英语阅读能力，可以激发学生的学习兴趣，帮助他们掌握英语的基本知识，同时开阔视野。在改革英语阅读教学中，首先，教师应选择那些吸引学生兴趣、内容丰富的阅读材料，如国外的历史文化、海外学生生活、政治热点新闻等，以此来增进学生对英语的阅读兴趣。其次，教师在课堂教学中可按照学习大纲的要求设置阅读情境，选择学生感兴趣的英语音视频片段等材料，以吸引学生的注意力。同时，设置相应问题，有助于提升学习效果。此外，还可以组织英语阅读交流活动，精选国外经典英语著作并转化为音频形式，供课堂使用，同时引导学生深入学习，专注于经典片段，反复阅读和记忆。学生还可以根据自己的兴趣爱好主动进行阅读训练。于此，利用现代信息技术和网络资源充分开展英语阅读教育，选择恰当的英语阅读材料，有利于提高学生的英语阅读水平。

在大学英语教学改革中，应该以学生为中心，跟上时代的步伐，遵守教学改革的准则，选择适宜的教学资源，运用先进的信息技术手段，以更好地满足学生个性化的需求，打造更多实践性和应用型的英语人才。

（二）教学方法与手段的改革

大学英语教学方法不仅关注教师的授课方式和教学活动，还注重学生的学习方式和学习活动。在教与学的过程中，使用的工具、媒体或设备称为教学手段。教学手段和教学方法都是教学过程中非常重要的组成部分。随着互联网时代的到来，计算机网络技术已经成为现代英语教学不可或缺的一种工具。在大学英语教学中，重要的任务是为学生提供英语语言能力的训练。教学方法和教学手段的正确应用与否，直接决定了教学效果的好坏和教学质量的高低。

1. 教学方法

在大学英语教学中，应该遵循外语学习的规律，同时要考虑到教学内容的特点，以及学生个体差异和学习风格，运用适当、有效的教学方法。选择教学方法时需要注重灵活性和适应性，以达到优化教学效果、提高学习效率的目的。

大学英语课堂教学可以运用不同的教学方法，如任务式、合作式、项目式、探究式等，从而落实以学生为主体的教学理念，使教师发挥指导和启发作用，鼓励学生积极参与，最终实现与学生发展需求相适应的教学目标。

在运用教学方法时，应注重培养学生的自主学习能力，引导并帮助他们掌握学习策略，以便能够熟练掌握学习技巧。教师应充分发挥网络教学平台的优势，为学生提供自主学习路径和多样化的学习资源，使学生能够更主动地参与学习，打破"被动学习"的局面，实现课堂教学与现代信息技术的有效结合。

2. 教学手段

现代信息技术不仅促进了大学英语教学手段的现代化、多元化和便利化，也引起了教学理念、内容和方法的转变。在信息化时代，大学英语教学有了全新的学习方式，同时也拥有前所未有的丰富资源。因此，大学英语教学应积极探索最新信息技术与课程的融合，充分发挥现代教育技术的优势，尤其是信息技术在外语教学中的关键作用。大学英语教师应该跟上新技术的发展，不断提高使用信息技术的认知和技能，将信息技术元素有机地融入具体的课堂教学设计和实施中。

高校须积极采用信息技术，创造多样化的学习和教学场景。教育界应当推动教师使用微课和慕课，并且善于发掘优质在线教育资源。通过混合式教学模式的实施，例如，将课堂与在线课程相结合，我们可以开设翻转课堂，从而拓宽教学范围，让学生更加积极主动地学习，实现更自主、个性化的学习体验。我们可以创建互动学习网站，其中包含教学设计、课堂互动、教师指导、学生练习、作业反馈以及学习评估等环节，以此为师生提供完整的教学系统。教育系统应该具有能够让人与机器交互、人与人互动的功能，保证方便易用、随时随地可用、易于监控等特点。学生应该随时选择适合自己的学习材料，学习过程需要被记录和监测，以便及时提供反馈信息。

  为适应大学生的学习特点和方式，应密切关注最新的移动学习理论发展。高校在有条件的情况下，可以建立"移动英语学习平台"，使学习更加自主、移动和随时随地。这将有助于突出现代学习方式的特点。当推进大学英语教学手段现代化时，我们应该优先考虑提高教学和学习效果。教师应当在运用现代化教学手段的基础上，兼顾传统教学方式，并注重师生之间的情感互动和沟通，以促进学生的思想、情感、人格以及审美等多方面的发展。

第三章　信息化与大学英语教学的整合发展

本章为信息化与大学英语教学的整合发展，主要对信息化与大学英语教学整合概述、大学英语信息化教学平台的建设、信息化大学英语教学模式构建路径、信息技术与大学英语整合的策略几个方面的内容进行了阐述。

第一节　信息化与大学英语教学整合概述

一、信息技术对大学英语教学的影响

信息技术在各个领域都产生了深远的影响，例如，教育领域。信息技术的应用为大学英语教学带来了许多新的机遇。

其一，信息技术为大学英语教学提供了更多的学习资源。通过互联网，学生可以轻松地获取丰富多样的英语学习资源，如在线课程、学习视频、电子书籍等。这些资源不仅丰富了学生的学习内容，还提供了更多的学习途径和方法，使学生能够根据自己的兴趣和需求进行学习。

其二，信息技术为大学英语教学提供了更多的学习工具和平台。例如，学生可以使用电子词典、语法检查工具和在线翻译软件等辅助工具来提高他们的英语水平。此外，学生还可以通过在线学习平台参与讨论、提交作业和进行在线测试，这样可以更好地与教师和其他学生进行互动和交流。

其三，信息技术还为大学英语教学提供了更多的学习方式和教学方法。传统的大学英语教学主要以课堂教学为主，而信息技术的应用使学生可以通过在线学习、远程教育和自主学习等方式进行学习。这种灵活的学习方式可以更好地满足学生的个性化学习需求，提升学习效果。

信息技术对大学英语教学产生了深远的影响。它为大学英语教学提供了更多的学习资源、学习工具和学习方式，提升了学生的学习效果和学习动力。

二、信息技术与大学英语课程整合的含义

信息技术与大学英语课程整合的主旨在于充分利用信息技术的优势，以提高大学英语教学的质量和学习效率。这一整合努力将各种教学资源和元素有机地结合起来，将教学理论、方法、技能与教学媒体相结合，从而形成集聚效应。整合的目标是建立学科之间的有机联系，将信息技术作为一种自然

流畅的工具融入学科课程中，培养学生的信息素养和综合能力。在这一整合过程中，强调信息技术作为认知工具和情感激励工具的角色，通过自主探索、多重交互、合作学习和资源共享等，调动学生的积极性和主动性，培养他们的创新思维和实践能力。综上所述，信息技术与大学英语课程整合的目标是提升教学效果，并培养学生的综合素养，而这正是培养创新人才所需要的。

三、信息技术与大学英语课程整合的目标与内涵

（一）信息技术与大学英语课程整合的目标

信息技术与大学英语课程的整合并不只是侧重于在教学活动中给教师和学生所带来的影响和作用，更多的是注重借助信息技术来实现大学英语教学环境的革新和改变，支持场景创建，信息、资源的有效获取、多重互动，自我探索，协作学习等，即设计一种不仅能发挥教师主体作用，而且能充分反映学生身份、巩固学生地位的注重自主学习、自主探索、相互协作的教学方式，这样的方式和教学环境可以激发学生的学习热情，强化其学习动机。教学模式是否进行了改革和创新最显著的表现就是教师和学生在教学中地位的变化，巩固学生的主体性地位，有效提升学生的创新性和实践性，是素质教育的主要任务。

（二）信息技术与大学英语课程整合的内涵

通过以上对信息技术与大学英语课程整合目标的分析，我们不难发现，对整合目标的确定始于对信息技术的本质和功能以及课程整合的分析，并在掌握信息技术与课程整合的本质特征的基础上推导出整合目标。因此，通过一些细化和处理，完全可以从整合目标的分析过程中推导出信息技术和大学英语课程整合的定义或内涵。

信息技术与大学英语课程的整合就是借助信息技术来实现大学英语教学环境的革新和改变，其主要有以下三大内容：对大学英语教学环境进行改变和革新，创造一种全新的、符合素质教育目标的教学模式，对原有的大学英语教学模式进行创新。也就是说要创建一种全新的"教"与"学"相结合且

与素质教育相迎合的教学方式。"整合"最终归结于大学英语教学模式的改变，倡导既要发挥教师的主导性作用，又要注重学生的主体地位，设计一种"主导—主体相结合"的教学模式。

"环境"的含义非常宽泛，教学活动主体以外的全部人力因素和非人力因素都可以归入教学环境的范围。因此，上述定义就信息技术在教育领域的应用而言，和把计算机为核心的信息技术仅视为工具、手段的计算机辅助教学（CAI）或计算机辅助学习（CAL）相比，显然要广泛得多、深刻得多，其实际意义也要重大得多。CAI作为大学英语课程整合中使用的工具，是大学英语课程整合的一小部分，是一个单一的环节。但是在以前教师授课借助计算机教学的时候，CAI是作为侧重于处理大学英语教学活动中遇到的不容易理解或者比较重要的内容的教学用具存在的。在这种模式下，信息技术应用于大学英语教学的全部内容就是CAI。

信息技术与大学英语课程的整合并不只是侧重于在教学活动中给教师和学生所带来的影响和作用，更多的是注重借助信息技术来实现大学英语教学环境的革新和改变，以重视对学生创新能力和实践能力的培养为奋斗方向。

四、信息技术与课程整合在大学英语教学改革中的实践意义

"课程整合"的本质就是构建新型的既可以巩固教师主导性地位又可以突出学生主体地位的"主导—主体相结合"的教学模式，只有这样，才能激发学生的学习热情，提高其创新能力，切实推进创新型人才的培养工作。因此，信息技术与课程整合对我国英语教学工作的改革工作起着十分重要的作用。

大学英语改革工作的成效在很大程度上取决于信息技术与大学英语课程整合的教学模式，这种教学模式对于增强英语教学效果具有积极的作用。信息技术和课程整合教学模式开展的根本就是革新教学结构和教学模式，教学模式的类型有很多，信息技术与课程的整合模式也同样是多种多样的。学科教学过程可以划分为"课内阶段""课前阶段""课后阶段"三大阶段。根据层次关系，整合教学模式主要有"课内整合模式"和"课外整合模式"两种形式。

五、信息技术与课程整合的基本模式

信息技术课程的教学任务正在演变，不再仅注重学科知识，而是更注重培养学生的信息素养和综合能力。为适应这一变化，我们需要重新构思课程模式，将信息技术作为认知工具融入大学英语学习过程中，以促进学生的信息技术素养和综合素质发展，强调课程整合。

信息技术与课程整合有以下三种基本课程模式：

（一）信息技术作为学习的对象，教会学生信息技术的知识和技能

教师在任务设计中需要灵活创新，根据不同因素设计多样化的任务，并灵活运用信息技术工具，通过及时反馈和评估来调整教学方法。这种整合方式在学术界得到了广泛的讨论和研究，并被认为是促进学生综合发展的有效途径。

整合信息技术课程旨在培养学生的信息素养和计算机基础知识。信息技术已经成为现代社会的重要组成部分，掌握信息技术和计算机基础知识不仅对学术研究有益，而且在就业市场中也具有竞争优势。通过将信息技术课程与英语学习相结合，能够为学生提供更广泛的学习资源和机会，培养他们解决问题和获取信息的能力。将信息技术作为工具融入大学英语学习可以提高学生的学习兴趣和应用能力。同时，学生可以通过社交媒体与英语母语者交流，提高学生的口语表达能力和听力能力。

然而，要想更好地应用这种整合方式，教师需要具备灵活创新和多样化设计的能力。首先，教师要根据不同因素设计多样化的任务，包括学生的水平、兴趣和学习目标。例如，教师可以设计关于英语文学的在线讨论，通过学生的互动和合作来提高他们的阅读能力和写作能力。其次，教师需要灵活运用信息技术工具，选择适合的软件和应用程序来支持学生的学习。最后，教师可调整任务设计和教学方法，以确保整合方式的有效性和适应性。

（二）信息技术作为教学工具，完全为各科教学服务

信息技术在教学中的应用模式是教师利用计算机作为备课工具，整理资料、搜索信息、处理文字、管理资源等。在教学过程中，教师可以选择增

强传统教学形式，如基于计算机的演讲、练习和讨论，也可以创新课程内容和教学方法，如合作学习、探索发现学习、交互式模拟和问题解决学习。这种方式为大学英语教学注入新的内涵和活力，有效提升学生的学习效果和参与度。

（三）信息技术作为学习工具，支持学生学习活动

学生利用信息技术来完成学习任务，这种教学模式为学生提供了文字处理、电子表格、数据管理、通信和虚拟现实等工具。学生通过信息技术实现获取和存储信息、处理信息、表达思想、交流和解决问题的目标。在学习过程中，信息技术可以充当导师、同学和助手的角色，支持学生的探索、合作和问题解决能力的培养。这一教学模式的出现为学生提供了更加丰富和个性化的学习体验，促进了学生的自主学习和创新能力的培养。通过使用信息技术，学生能够更好地从海量的信息中获取有用的知识，加强和拓展对学习内容的理解，同时还能够与其他学生进行合作和交流，共同解决问题，提升学习效果。这一教学模式的发展前景广阔，将继续对教育领域产生深远的影响。

第二节 大学英语信息化教学平台的建设

一、信息化大学英语教学平台

信息化加速了信息获取、传递和共享，提高了工作效率，促进了创新与合作。它也改变了组织结构，增强了管理能力和协调能力，推动了全球化和跨地域合作。信息化是一个综合性概念，对社会产生了深远的影响。教学平台是指为开展教学实践使用的一系列软硬件设施的统称。其中包括提供开展教学实践的场所，例如，教室、操场、网络、电视等，还包括设立的课程、教材资源、教学设备等。因此，信息化大学英语教学平台就是以现代通信、网络、数据库技术为基础进行大学英语教学实践的场所，本书对E-Learning教学平台与虚拟教室进行具体论述。

二、大学英语信息化教学平台的应用

（一）iSmart

iSmart外语智能学习平台融学习、通知、测验、活动和互动于一体，有效实现了全面课堂覆盖，并为学生课外独立学习创造了平台，从而增强了师生互动的时效性和效果。此外，iSmart在口语能力和听力评估方面的独特功能与英语学习的特点完美契合。为此，我们将iSmart平台引入听说课教学，并将测验和活动等功能融入课前、课上和课后的教学全过程。

1. 课前

学生在听说课上的学习焦虑通常是由陌生感造成的，其中包括不认识单词、认识单词听不懂、表达方式不熟悉等。提高听说能力的第一步就是要解决以上难题。

为此，我们利用iSmart平台设置了词汇自学、词汇跟读以及句型跟读等任务，目的是帮助学生做好听说课的基本准备，缓解课上的听说焦虑，让学生"准备好上课"。此外，还设置了相关英文视频题，旨在帮助学生了解与单元主题相关的文化背景知识，加深对单元主题的认识。通过平台布置预习任务，一方面有利于引导学生自主预习，另一方面有助于教师检验预习效果。

2. 课上

课上的平台应用：一是对课前预习的检测，如词汇连线等；二是在课上发布投票以及展示等活动。利用iSmart平台进行投票，快速且准确，投票结果一目了然，并能实现全员参与，极大地节约了课上逐一提问的时间。此外，课上针对投票结果开展自由发言、小组讨论等互动活动，能有效地提高讨论的针对性和真实性。从教学效果来看，学生普遍认为这样的课堂活动真正地做到了"以学生的真实想法"为讨论依据。人人都可以参与，学生迫切地想让大家看到自己的观点。学生真正参与到了教学中，不仅有利于营造课堂气氛，还有利于提高课堂教学质量。

3. 课后

iSmart平台课后的应用主要以巩固练习和提高练习为主。与以往的听说课作业相比，利用 iSmart 测验布置课下听说练习，形式更丰富，内容更全面，音视频相结合，提高了听说练习的趣味性。更重要的是，通过 iSmart 进行课下复习，学生能及时地看到复习效果，适时地进行针对性练习。教师也能根据学生的 iSmart 成绩追踪学生的复习进度，掌握学生的学习难点及问题，并能通过 iSmart 问答进行在线指导和答疑。与传统的课下师生互动相比，iSmart 平台上的师生互动覆盖面更广，更及时、更有效。

（二）Moodle

Moodle 是目前比较流行的网络教学平台系统。Moodle 这个词是 Modular Object-Oriented Dynamic Learning Environment，即模块化面向对象的动态学习环境的缩写，是一个用来建设基于互联网的课程和网站的软件包。Moodle 是一种免费的开源软件，被全球广泛应用于基于互联网的课程和网站的构建。它是澳大利亚教师马丁·多格玛斯（Martin Dougiamas）基于建构主义教育理论开发的网络课程管理系统。这个系统也被称为学习管理系统（LMS）或虚拟学习环境（VLE），可以为教与学提供全面的支持。基于建构主义教学思想，Moodle 平台强调教育者（教师）和学习者（学生）之间的平等关系，并倡导他们在教学活动中相互协作，共同构建知识。

Moodle 具有以下特点：易于安装、支持各种类型的课程、注重系统安全性等。它简洁的界面设计使得自身的适用性较强，可以为技术能力较弱的教师或学生提供一致的课程管理服务。在系统安装时，其可以由管理者设置管理者权限，并且可以自由调节系统的主题颜色、字体、版式等外观内容。每个 Moodle 的用户都拥有自由调试个人系统界面的权利，可以根据个人所在的区域和时区调整系统的信息显示，通过数据库存储广大用户的个人在线档案，在对课程进行安全管理时，教师可以设置课程的密码，保护课程参与者的信息安全，长时间不使用系统的用户账户会被注销。

（三）Unipus

1.Unipus 平台简介

Unipus 是根据学校外语教学的个性化需求开发的数字化外语教学平台，

旨在结合校本数字课程与特色资源，为学生提供课内外、校内外的移动按需交互和智能融合的学习环境。该平台拥有全面智能化的学习反馈和教学诊断功能，实现了教学一体化的目标。Unipus 数字化英语平台是学生自主学习的重要工具，与传统课堂教学相辅相成，辅助英语教学的进行。该平台的应用与课堂教学相结合，能够有效实现信息技术与课程教学的紧密融合，促进大学英语教学模式的创新与课程建设的发展。

2. 基于 Unipus 平台的大学英语智慧课堂建设理念

英语智慧课堂是一种先进的教学模式，利用现代信息技术整合和管理英语课堂的学习、教学和科研资源。它的特点包括开放性、共享性、交互性和协作性，为英语教学带来了现代化改革和新的活力。在这一模式中，Unipus 数字化英语教学平台扮演着关键角色。该平台通过连接教师终端和学生学习终端，构建了数字化的英语教学资源，并实现资源的共享。

在英语智慧课堂中，教师和学生能够通过在线实时交流进行创新教学和互相学习。教师可以使用平台在线布置任务和作业，并进行在线答疑、测试和批改。学生则可以方便地在线完成学习和测试。这种利用移动应用端推送教学资源和学习资源的方式可以促进学生的互动学习。

英语智慧课堂的优势是它为教师提供了评估学生学习效果的机会。教师可以根据学生在平台上的学习表现和测试成绩来评估他们的学习效果。这种及时的反馈能够帮助教师调整教学和学习方式，更好地满足学生的学习需求，并培养学生的自主学习能力和实践能力。

此外，英语智慧课堂还提供了丰富的教学资源和学习资源。教师可以从平台上选择和使用各种多媒体资源、教学工具和教学应用程序来支持他们的教学。学生则可以通过平台获得大量的学习资料和学习工具，更好地理解和掌握英语知识。

3. 基于 Unipus 平台的大学英语智慧课堂建设方案

（1）智慧课堂云平台

为高校英语课程提供全面技术支持的 Unipus 数字化外语教学平台，致力于建设一个数据中心（平台），以实现英语教学资源真正的共享、学生个性化的在线自主学习以及大学英语教学的综合开放。该平台通过构建开放式教育教学网络技术环境，为英语智慧课堂提供支持。教师能够在该平台上实现移动教学、管理和办公，学生也可以进行移动学习。此外，该平台还实现了英语教学资源、课堂教学和教学管理的智能化，为教师和学生提供全方位的支持。通过以上方式，Unipus 数字化外语教学平台成为高校英语课程的有力助手，满足了教育教学的需求。

（2）智慧课堂班级

智慧课堂班级是一个以 Unipus 数字化外语教学平台为基础构建的创新教学系统。教师用户在该平台上创建班级后，需通过管理员的验证程序方可激活并使用该系统。通过利用互联网技术和平台技术，该系统将学生的手机或专用平板电脑等教学设备与教室无线网络连接，使传统的教室变身为一间基于互联网与多媒体技术的英语智慧教室。

智慧课堂班级系统具备自动收集和分析课堂数据的能力，并将其以图表的形式呈现给教师，以供参考和分析。此外，该平台还提供多种功能，包括课前预习、课堂互动、分组合作学习、在线测试和课后作业辅导等。学生还能够在该平台下载相关的课程资源、应用程序（以下简称"App"）和英语学习工具，以便根据个人需求自主安排学习内容和进度。

智慧课堂班级系统以其创新性和功能丰富性，为教师和学生提供了一个充分利用互联网和多媒体技术的英语教学环境。这一系统的实施将为教育教学领域带来新的机遇，并为教师和学生提供更便捷、更个性化的学习体验。

（3）智慧课堂学生电子书包

通过配置符合要求的移动学习终端，如手机或平板电脑，结合智慧课堂平台系统，教师和学生能够实现双向、实时的互动，有效提升英语学习效率和课堂学习效果。学生可以随时随地进行学习，利用在线学习和反复回放教学内容的方式来解决学习中遇到的难点。同时，教师能够及时反馈学生的学习效果，并作出相应调整，从而促进教学的不断改进。智慧课堂平台还提供师生互动、小组互动以及同学之间的互动机会，这有助于学生更好地消化和解决学习中的问题，推动英语教学的顺利进行。这一整套的教学模式和平台，将极大地提升英语学习的效果和质量。

4. 基于 Unipus 平台的大学英语智慧课堂教学实践

Unipus 平台的教学功能和设备为大学英语智慧课堂提供丰富选择的同时还使其具备了灵活性。教师可在课前根据教学目标和学生需求，精心准备并上传多样化的教学资料，如课件、音视频材料等。通过任务设置，教师可以有效激发学生对课前内容的兴趣和学习动机，促使学生主动进行预习。平台还提供了大数据分析功能，教师可以通过查看学生的预习情况、掌握程度等数据，深入了解学生的学习状况，并据此灵活地调整教学策略和进度。

Unipus 智慧课堂充分利用先进的技术手段，创造了多样化的互动环境。教师可以随时通过平台发布指令，学生则可以通过学生终端进行相应的互动反馈。例如，学生可以通过举手、提问、抢答等方式表达自己的观点和疑问，教师可即时作出回应和解答。此外，小组互动也得到了充分重视。学生可以通过与小组成员进行结对练习、讨论和互评，促进合作学习和思维的碰撞。这种多层次的互动方式，既能有效地激发学生的学习热情和积极性，又有助于培养学生的批判性思维和团队合作能力。

Unipus 平台还为课后学习提供了便利。学生可以将作业和测试通过平台进行在线上传和提交，教师可实时查看和评价，给予实时的反馈和指导。这就使得学生的学习过程得以巩固和延伸，同时为教师提供了更多有关学生学习情况的数据，为个性化教学提供了支持。

Unipus 平台以其丰富的教学功能和设备，为大学英语智慧课堂提供了多样化、有趣和高效的教学环境。教师可以通过平台的预习任务和数据分析功能，有效引导学生的学习，灵活调整教学计划。在课堂上，各种形式的互动让学习变得生动有趣，师生之间、学生之间的互动促进了思维的碰撞和知识的共享。课后的作业上传和测试评价进一步促进了学生的学习巩固和个性化发展。因此，通过 Unipus 智慧课堂进行英语教学，将有助于提升学生的学习积极性和知识掌握能力，增强了教学互动性，为大学英语教学带来了蓬勃的活力。

(四)超星学习通

1.超星学习通简介

利用移动终端(智能手机或平板电脑)获取网络教学资源进行学习是一种方便高效的学习模式,现如今已越来越受到高校学生的欢迎。超星学习通是由超星公司开发的面向智能手机、平板电脑等移动终端的移动学习专业平台。该款App包括教师端和学生端,教师可以利用该平台创建课程,进行课程建设和诸如签到、通知、课堂讨论、布置作业、投票、评分、课堂测验等课程教学管理活动;学生可通过该平台在手机端或电脑端在线学习,浏览海量的学习资源。超星学习通平台可以实时记录学生的学习过程和各项学习活动,进行大数据分析,以图表的形式直观展现出来,教师可以实时检查学生的学习情况,对教学作出及时调整,以实现自主学习和合作学习。

2.超星学习通融入大学英语教学中的优势

(1)利用海量资源,丰富教学内容

超星学习通作为一种教学辅助工具,能够丰富大学英语课堂教学的内容和形式,以满足学生的学习需求。它提供了丰富多样的教学内容,如在线课程、教材、教学案例等资源,覆盖范围广泛,涵盖各种主题和不同的难度级别。教师可以根据学生的实际水平和学习目标,选择合适的课程内容进行教学,关注学生的个体差异,满足不同学生的学习需求。超星学习通还能够根据学生的接受能力和学习基础,为不同层次的学生匹配不同的练习内容。通过分析学生的学习数据和表现,系统可以生成个性化的学习建议和练习题目,让学生在自己的适应范围内选择学习内容,提高学习的积极性和主动性,并有助于更好地理解和掌握知识,提高学习效果,同时提升教师的教学质量和效果。

(2)应用多功能平台,培养学习兴趣

超星学习通作为一种多样化的教学环境,为教师提供广泛的英语课堂学习工具,为营造引人入胜的学习氛围提供了支持。教师能够从超星学习通中获取丰富多彩、具有艺术性和趣味性的学习资料,这些资料既可以用作教学内容,也可以作为学生自主学习的资源。这种多样性满足了不同学生的学习需求，并通过提供有趣的学习材料，有效地减轻了学生的学习压力。

超星学习通还注重培养学生正确的学习观念和习惯，通过提供多种形式的学习材料，如图片、动画、声音和文字，激发了学生思维能力和创造力的发展。学生能够通过不同的视觉刺激和听觉刺激获取信息，从而更好地理解和吸收知识。此外，超星学习通还通过互动式学习体验鼓励学生表达自己的想法和观点，提高他们的学习参与度，从而让学生的创新思维得到长足的发展。

（3）利用互动模式，调动学习氛围

超星学习通可以提供良好的英语教学环境，教师可以以学生为主体，通过情景对话和作业等方式来促进学生积极主动地学习。教师可以抽查学生与虚拟人物的对话内容，指出他们在交流中存在的问题，同时也可以根据学生的作业完成情况来调整教学内容和计划，以提高英语教学效果。

3. 超星学习通在大学英语教学中的具体应用

（1）学生在线学习

教师可运用超星学习通平台，通过推送精心设计的短视频给学生，视频以课本章节知识点为内容，每个视频时长不超过 10 分钟。学生可以自由选择观看视频，并利用视频理解题型来深入理解知识点。此外，学生还可以通过观看英语视频提升口语技能，并使用习题软件进行练习。这种教学模式具有多个优点。首先，小视频将复杂的知识点进行划分，成为易于理解的内容，并将讲解时间控制在 10 分钟以内，提高了学生的注意力，减少了信息冗余，使学习更高效。同时，学生可以根据个人时间安排自主选择观看视频，激发学习兴趣，提高主动性和积极性。其次，视频理解题型让学生能在课下练习相关习题，巩固所学知识。这种练习方式能够提供及时反馈和指导，帮助学生在实践中不断提升学习水平。此外，观看英语视频可以提升学生听力和口语技能，培养英语交流能力。最后，习题软件帮助学生进行系统全面的练习，提高知识能力。软件通常会提供多样题型和练习方式，满足不同学生的需求。通过不断练习巩固，学生可以更好地掌握和应用所学知识。

超星学习通是一种通过网络资源提高学习质量的教学工具，被广泛应用于大学英语教育。在这种教学模式下，教师可以通过发布任务来帮助学生更好地理解和整理学习内容。超星英语学习通还通过组织学生小组观看英语视频，帮助学生提前了解学习内容并培养口语语感。超星英语学习通还提供了一系列功能，使教师能够实时了解学生的学习情况和进度，并有效监督学生的学习过程。通过使用超星学习通进行教学，教师能够营造轻松的学习氛围，鼓励学生完成任务并巩固所学知识。超星学习通在大学英语教学中发挥了积极作用，并为教师和学生提供了便捷的支持和帮助。

（2）学生之间合作学习

小组学习是一种以互动合作为基础的学习形式，通过超星学习通，学生可以在虚拟学习环境中与同组同学进行协作学习，共同探索、学习和解决问题。学生可以通过讨论学习内容、分享资源和经验，通过共同解决问题来培养主动学习的习惯和探索精神，有效提升团队合作和沟通能力。超星学习通利用技术手段促进学生合作学习，以小组学习模式开展教学活动，加强了学生的知识交流和问题解决能力，为教师提供实时的学生学习情况并给予指导的机会。通过将学生在小组内的表现纳入成绩测评，可以更全面地评估学生的学习成果。

超星学习通赋予教师重要的角色，教师可以实时观察学生在小组学习中的表现，了解每个学生的学习进展和困难，并及时给予指导和帮助。教师可以通过在线讨论或私信方式与学生互动，解答问题，引导学生深入思考。超星学习通提供的实时观察和指导的功能可以帮助教师更好地了解学生的学习情况，并及时调整教学策略。此外，超星学习通还为教师提供了一系列教学资源和工具，如在线教材、课件制作和在线作业，以便灵活组织教学活动，提升教学效果。同时，学生也可通过平台提交作业、参与在线考试等评估方式，实现学业的记录和测评。

超星学习通通过小组学习方式促进学生之间的合作学习，加强生生和师生之间的沟通交流。它为教师提供实时观察和指导学生学习的机会，并将学生在小组内的表现纳入成绩测评。这种方式有助于提高学生的学习效果、培养团队合作和沟通能力，并增加教师的亲和力，为教育教学提供了新的可能性。

（3）对学生的考核评价

学生的考核评价基于教学任务和课程标准，通过了解学生英语知识的学习情况，对教学方法进行改进，顺应英语教学改革潮流，以提高教学有效性为目标。评价包括平时表现和笔试成绩两方面。

三、基于虚拟仿真技术的虚拟教室

（一）虚拟仿真技术的内涵

虚拟仿真技术是20世纪末兴起的崭新的综合性信息技术，是发展到一定水平的计算机技术与思维科学相结合的产物。它采用以计算机技术为核心的现代高科技，生成逼真的视、听、触等一体化的虚拟环境，用户借助必要的设备，以自然的方式与虚拟世界中的物体进行交互，是一种人与虚拟环境进行自然交互的人机界面。它由计算机硬件、计算机软件以及传感设备等组成，这种技术的特点在于计算机产生一种人为虚拟环境，人可以直接观察、操作、触摸、检测周围环境及事物的内在变化，并与之发生交互作用，给人一种身临其境的感觉。

（二）虚拟教室的定义与构成

虚拟教室是一种基于计算机和网络技术的教育环境，具备以下特征：解除时间和地域限制，提供无拘束的学习机会；利用多媒体、模拟和沉浸式技术，为学生创造身临其境的学习体验；提供超越实际现实环境的学习场景。这种教学模式广泛运用于各级、各类教育机构，旨在提供创新的教学方式，以满足现代学生对高质量教育的追求。

虚拟教室的核心理念在于使学生能够根据自身安排自由选择学习时间和学习地点。这种自由度不仅赋予学生更大的学习灵活性，还为那些无法参加传统面授课程的学生提供了更多学习机会。

虚拟教室的另一个重要特点是丰富的多媒体资源和技术支持。通过利用各种多媒体元素，如图像、音频和视频，虚拟教室能够为学生呈现更加生动、直观的学习内容。此外，模拟技术和沉浸式技术也被广泛应用于虚拟教室中，使学生能够身临其境地感受学习主题,提高学习的吸引力和参与度。通过这些技术手段,虚拟教室为学生提供了远远超越传统教室的学习体验。

虚拟教室还能创建超越实际现实的学习环境。通过模拟和虚拟现实技术,学生可以进入模拟的现实场景,与虚拟的对象进行互动,从而加深对学习内容的理解和记忆。这种超现实的学习环境不仅能够激发学生的好奇心和求知欲,还能够为他们提供更广阔的视野和学习机会。

虚拟教室系统根据其功能如图 3-2-1 所示,它们构建了三层架构的功能模型。

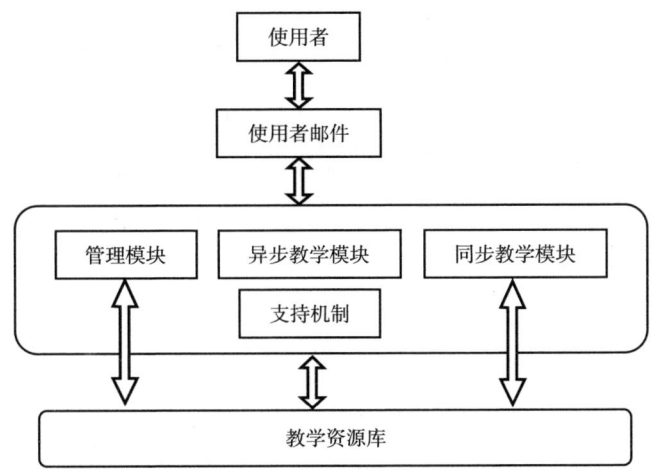

图 3-2-1 虚拟教室的功能结构

(三)虚拟教室在大学英语教学中的应用

1. 将虚拟教室运用于大学英语课堂教学

当代大学英语教学正借助科技进步迈向新的里程碑,探索着以学生为主、教师为辅的教学模式,更进一步地利用虚拟现实技术打造沉浸式学习体验。这一创新方法让学生仿佛置身于一个完全模拟的英语学习环境中,从而可以身临其境地感受英语的魅力,以此提升他们的学习效果和语言能力。

目前,虚拟教室在大学英语课堂教学中应用广泛。通过虚拟现实技术,学生可以用头戴式显示器进入一个逼真的虚拟环境,感受真实场景中的语言使用和交流。教师可以根据学生的兴趣爱好和个人的性格特点,选择相应的教学资源，为学生提供逼真的虚拟学习仿真环境。比如，他们可以"站"在一个英语国家的街道上，与身边的英语母语人士进行对话练习；或是"走进"一个虚拟的餐厅，在和服务员交流点餐的过程中锻炼口语表达能力。这样的体验不仅可以提高学生的兴趣和积极性，还可以帮助他们更深入地理解和运用英语。虚拟教室还提供了丰富的学习资源和互动机会。学生可以通过头戴设备进入英语学习平台，与其他学习者进行实时对话和协作，共同解决语言学习中遇到的难题。此外，虚拟教室的学习资料库中充满了各种语法、词汇、听力和阅读练习，学生可以根据自己的兴趣和水平自由选择学习内容并进行练习。

在虚拟教室中，教师的角色也得到了重新定义。他们不再仅仅是知识的传授者，而是成为学生的指导者和引路人。教师可以通过虚拟技术实时监测学生们的学习情况，并给予个性化的辅导和反馈。他们可以在虚拟场景中与学生互动，引导他们运用英语进行情境模拟，从而提高语言输出能力。

2. 将虚拟教室应用于大学英语实践教学

虚拟教室在大学英语实践教学中的应用可以有效提高学生的实践能力。通过虚拟社会环境的模拟，例如，扮演旅游导游场景中的导游角色，进行虚拟辩论赛，扮演记者或发言人参加新闻发布会等，参与各式各样的跨语言跨文化的交流场景，学生可以更好地感受到社会对英语人才的需求，并理解英语在实际运用中的重要性。这种教学模式可以帮助学生更好地掌握知识，并培养实际运用能力，从而提高他们的竞争力和适应能力。同时，虚拟教室也能为学生提供更多的户外实践机会，进一步增强他们的综合素质和职业发展前景。因此，虚拟教室在大学英语教学中的应用是非常有益的。

第三节 信息化大学英语教学模式构建路径

在科学技术高度发展的今天，计算机的三大关键技术——人工智能技术、数字化技术、信息和网络技术的进步，为大学英语教学提供了主导教学的可能性和条件。特别是在网络媒体的支持下，学习者能够在情境、协作、会话和意义建构的学习环境中获取知识。学习者主动利用自身经验和认知结构，在社会文化背景中从多个层面和角度接收和选择外来信息，并通过与教师、同伴、网络交流者的互动与合作，利用多种学习资源和互联网上的信息，以意义建构的方式获得知识。建构主义理论强调以学生为中心，强调学生对知识的主动探索、主动发现和意义建构。教师成为指导者和促进者，应具备信息技术应用能力和创新意识，能够利用网络媒体和教育科技工具创造丰富的学习资源和学习环境。

情境、协作、会话和意义建构是建构主义学习环境的重要元素。建构主义学习理论的基本特征是学习的自主性、情境性和社会性。在信息化大学英语教学模式的构建路径中，学习者主动参与和合作成为关键因素。学习资源的多元化也是关键因素，多样化的学习资源如数字化教材、在线课程、教学游戏、虚拟实验室等，可以使学生更加灵活地获取知识，提供更多的实践机会和反馈渠道，激发学习的积极性和主动性。

而针对学生主动学习和意义建构的特点，评估方法也需要创新。除传统的笔试和口试评估，还可以采用在线作业、项目报告、多媒体展示等方式来全面了解学生在知识获取、合作交流和意义建构方面的能力。

一、建构主义指导下的信息化教学模式的设计原则

基于建构主义学习理论的信息化教学模式设计思路以学习者为中心，通过情境、协作、会话和资源等环境要素，来设计适应学习者需求的学习资源、学习策略和认知工具。教师和学习伙伴的协助能够激发学习者的主动性、责任感和创新精神，从而有助于构建对所学知识的个人理解。学习者在这个过程中扮演着主动的知识建构者的角色，教师在其中充当组织者、指导者和支持者的角色，而教材和媒体则成为学习者主动构建知识意义的重要资源和认知工具。构建信息化教学模式时可遵循以下设计原则：

（一）学习自主性原则

学习者需要具备一定的学习策略和技巧，以有效地处理和组织外部信息。

他们需要在学习过程中选择适合自己的学习材料和方法，并在学习的不同阶段进行自我评估和反思。通过自主学习能力的培养，学习者可以更好地利用教师和同伴的支持，实现知识的主动构建。在这种以学习者为中心的教学模式中，教师的角色变为学习的导师和指导者。他们需要灵活运用各种教学方法，激发学习者的主动性和探究精神。教师应该通过提问、引导和激发思考，促进学习者的深层次学习和知识的生成。同时，教师还应该创造合作和支持的学习环境，鼓励学习者之间的互动与合作，促进知识的共建和分享。

可见，学习是一个学习者主动选择和加工外部信息的过程，通过反复、双向的互动过程来获取和建构新知识。教师在这个过程中扮演着引导者的角色，学习者应该培养学习策略和自主学习能力，并借助教师和同伴的支持来实现知识的主动构建。这种以学习者为中心的教学模式有助于激发学习者的学习动机和兴趣，从而使学习效果能够得到有效提升。

（二）真实情境创设原则

建构主义指导下大学英语教学模式的设计原则是真实情境的创设。这意味着教学应该与学生现实生活中的问题类似，让学生能够将所学知识应用到实际情境中。具体而言，真实情境创设要求教师在教学过程中提供与学生日常生活密切相关的问题和情境，使学生能够在学习中直接参与、体验和应用所学的知识。

在真实情境的创设中，教学过程应该类比于解决问题的真实过程。这意味着教师需要通过引导学生探索、发现、提问、猜测、验证等一系列问题解决的步骤，模拟真实问题解决的过程。例如，在教学中可以提供一个实际问题，并引导学生分析问题、搜集信息、寻找解决方法、实施方案，并最终总结和评估解决过程和结果。通过这样的教学设计，学生能够在解决问题的过程中体验到真实情境中的挑战和任务，从而提高解决问题的能力。

为了支持学生在真实情境中的学习，在教学中还应提供丰富的资源，包括实例和相关信息。这些资源可以帮助学生主动探索和建构知识。例如，教师可以提供案例分析、实地考察、实验室实践、互联网资源等，让学生通过实际操作和调查研究的方式积极参与学习，主动构建自己的知识体系。

通过真实情境的创设，学生能够应用所学知识解决实际问题，并且形成背景性经验，加深对知识的理解和建构。学生在解决真实问题的过程中，会经历分析、推理、判断、决策等认知活动，这些经验有助于学生将所学知识与实际问题相结合，形成深入的理解和运用能力。因此，真实情境的创设可以增强学生对知识的应用和转化能力。

（三）学习的社会性原则

建构主义认为，学习是通过与周围环境互动来建构知识。知识是具体的，与学习情境、经验和周围环境相关。学习者通过不同角度主动思考，与教师或他人合作，通过争辩、讨论和提供证据来加工信息，重新构建知识。这种学习者与外部因素之间的交互作用促进学习者理解和认知水平的提升，因此，协作学习成为实现对知识的社会性建构的必要环节。

二、信息技术为建构主义理论提供技术支持

信息技术的迅速发展和广泛应用在建构主义学习理论的实践中发挥了重要作用，影响了教学观念的转变。自主学习理念的引入和应用显著提升了学生的认知能力和问题解决能力，有效推动了大学生的素质教育和创新教育的进展。正是这些进展，为建构主义学习理论在教育实践中的应用奠定了坚实的基础。

（一）超媒体与自主学习

超媒体以非线性方式组织学习者所需的信息，灵活地整合了不同形式的媒体和教学内容，从而为学习者创造出一个富有活力的学习环境。超媒体与人类的联想思维方式相契合，有效地组织和管理教学信息，促进学习者的自由联想能力和创造力。其非线性的信息组织方式能够让学习者根据个人需求自主选择不同路径和主题进行学习，逐节点地浏览各个内容。此外，超媒体利用多媒体技术的交互功能，提供多种感官刺激，使学习者能够根据自身的认知结构、水平和兴趣，自主选择学习内容和展示方式。总体而言，超媒体技术为自主学习打下了坚实的基础。

（二）虚拟现实技术与情境学习

虚拟现实技术能够创造逼真且引人入胜的学习情境，提供极富交互性和无限想象的体验。在虚拟现实技术构建的教学环境中，学生能够积极参与，可以与真实或虚拟的教师进行互动。这种多样化的教学模式和灵活的教学方法使教师能够根据学生的特点和需求进行个性化的指导。此外，虚拟现实技术还能够创造各种趋于现实的学习情境，将抽象的知识与现实生活相融合，激发学生丰富的想象力，促使他们更好地进行知识的建构。因此，虚拟现实技术在教学中能够充分发挥教师和学生的作用，实现更积极、主动、独立的学习。

（三）多媒体通信网络技术与协作学习

网络的进步对学习方式产生了深远影响。网络学习消除了地域和时间的限制，使学习者能够在不同地区、不同时区进行学习，并且根据个人的时间安排进行学习。这为学习者提供了更大的灵活性和便利性，使他们能够更好地平衡学习与其他生活需求。

网络学习推动信息共享和交流的变革。学习者可以通过网络获取来自世界各地的知识资源和学习材料，不再受限于地理位置和学校资源的局限。这种信息的共享和交流促进了多元化的学习内容，为学习者提供了更广泛的学习选择和机会。

同时，网络学习使学习者能够自主选择学习内容、学习方法、学习时间和地点。学习者可以根据自身的兴趣和学习需求，灵活地选择适合自己的学习资源和学习路径。他们可以自主控制学习的进度和深度，更好地实现个性化学习。

网络学习提供了平等的学习机会。通过网络，学习者无论地理位置和社会背景如何，都能够获得相同的学习机会和资源，促进了全面素质教育的实现。

在在线教学中，协作学习和在线交流等策略发挥了重要的辅助作用。学习者可以通过网络与教师和其他学习者进行互动、合作，分享想法、讨论问题、解决难题,从而提高他们的认知能力,增强其合作精神。

三、高校大学英语信息化教学模式的构建

基于以上分析,信息化教学的某些特征为建构主义学习理论提供了技术层面的支持,其学习环境与建构主义学习理论所主张的学习环境相一致,体现了学习的自主性、情境性和社会性。因此,用建构主义指导信息化教学不仅可行,而且必要。大学英语信息化教学模式可按教学目标、情境创设、自主学习、协作学习、意义建构五个关键环节进行教学设计。

(一)教学目标

在大学英语教学中,教师需要对教学目标进行细致的分析和规划,以确保教学目标的实现。听、说、读、写、译五项基本语言技能密不可分,学习者通过输入和输出逐步提升英语能力。首先,教师要全面分析教学目标,考虑学生的语言水平、学习需求和课程要求。其次,教师确定学习内容,确保与目标契合。内容需根据学生水平和需求选择,并具有层次结构。教师可根据学生能力和需求将内容拆分为小目标,逐步实现整体目标。教学目标难度适中,既激发学生兴趣,又保持信心。适中的难度提供挑战,激发学生积极性,发展其语言能力。总之,大学英语教学需要分析目标、确定内容,并提出具有适度难度和层次结构的目标,以提高学生的英语能力。

(二)情境创设

根据建构主义理论可知,学习是在实际社会文化情境下进行的,学习者通过利用自己已有的认知结构来理解和赋予新知识意义。如果新知识无法与已有的认知结构相匹配,学习者就需要通过顺应过程来改变和重组认知结构。教师在教学中应该帮助学习者分析自身的认知特点,找到与学习内容相结合的方式,使用符合学习者认知心理的外部刺激来促进他们对新知识的理解和应用,实现知识的建构,进一步提高学习水平。通过创建多样化的学习情境,可以为学习者提供多条路径进行探索,如实时模拟、电子公告板(以下简称"BBS")讨论区、网上交流等真实情境,实现知识的迁移和应用。

（三）自主学习

当代英语学习理论强调学习者的主动性和自主性，以促进他们在学习过程中的全面发展，并培养独立思考、自主学习和创新的能力。尤其是在网络学习环境下，学习被视为学习者与外界互动的产品，并注重他们在学习经验中寻求意义的创造性能力。在这种学习理论中，学习者被鼓励根据自身水平确定学习起点、目标、内容和方法，并建立个人评估体系。多媒体网络教学系统为学习者提供了灵活的学习环境，使他们能够随时随地地学习、交流和解决问题，培养了解决问题的能力和批判性思维，实现个性化和自主学习的原则。

网络学习环境的出现为学习者提供了更广泛的学习资源和交流机会。学习者可以通过网络平台获取丰富多样的学习素材，如在线教材、视频课程和学术论文等。同时，他们可以与来自世界各地的学习者进行实时交流和合作，共同解决学习中的问题，促进信息共享和思想碰撞。网络学习环境的特点使得学习具有更高的灵活性和便利性，学习者可以根据自身时间和地点的限制安排学习进程，提高学习效率和自主性。在这样的学习环境下，学习者的角色也发生了变化。他们不再是被动的知识接受者，而是学习过程的主导者和创造者。学习者通过积极参与学习过程，进行思考和实践，从而对知识和信息有了更深入的理解和应用。他们通过自主学习的方式掌握知识，并能够将学习所得应用到实际生活和工作中。这种学习方式培养了学习者的独立思考和创新能力，使他们能够面对复杂的问题并找到解决方案。

（四）协作学习

协作学习是一种学习方法，其中会话与合作是核心。通过与他人交流、协商和合作，学习者可以改善对外部世界的理解。协作学习可以在信息技术支持的学习环境下进行，学习者可以通过在线交流或多媒体网络进行实时文字交流。这种学习方式允许学习群体共享思维和智慧，为每个学习者提供更多资源和支持。教师在协作学习中既扮演组织者的角色，又扮演参与者的角色。他们可以利用各种协作工具和平台与学习者同步或异步地交流与合作。

协作学习可以在两个以上学习者之间进行，可以由组织者安排，也可以通过面对面的交流或在线论坛进行。通过协作学习，学习者能够比较和分析不同观点，提升认知结构，加深对知识的理解。会话作为协作学习不可或缺的环节，能够促进知识的构建和共享。

（五）意义建构

意义建构是学习过程的最终目标，指的是学习者通过各种不同形式获得的信息，形成自己的学习体会或研究成果，并将其以多种形式展现出来。这种建构的意义不仅包括结构性的知识，还包括大量非结构性的经验。学习者在建构过程中，不同的个体对事物的理解也会有所不同。因此，协作学习起到了重要的作用。通过交流与合作，学习者可以共同构建知识，加深对学习主题的理解。

现代信息技术的应用为建构主义提供了支撑，优化了教学资源、教学环境和教学过程，提高了学习效率和教学效果。学习者可以利用在线课程、协作平台、虚拟实境等工具来参与学习，通过自主探索和发现来培养批判性思维和问题解决能力。同时，信息技术也为学习者提供了更广阔的资源和机会，通过反思和评价来促进深层次的学习和理解。

建构主义学习强调学习者的主动参与和自主学习，注重以学习者为中心。在学习的过程中，不仅要关注认知层面的知识建构，还要注重情感和认知的整合。通过情感体验和个人意义的建构，学习者可以加深对知识的理解和应用，促进学习的深化和持久化。建构主义学习理论有助于学习者的实践应用，提高综合素质。在现代教育中，借助信息技术的支持和协作学习的促进，学习者可以更好地实现意义建构的计划，通过主动探索、亲身体验，完成对知识的建构过程。这种学习方式不仅增强了学习者的参与和互动，也培养了学习者的批判性思维和问题解决能力，提高了学习效率和学习成果的质量。

第四节 信息技术与大学英语整合的策略

一、技术与课程整合的实质

整合是当前国内外教学设计研究的热点。对于课程整合内涵或实质，国内外已有不少有益的探索。通过考察和分析已有的研究，技术与课程整合的内涵或实质主要表现为以下几点：

第一，整合不是一种单纯的叠加过程，而是将课程中引入先进技术，两者相互融合，相互适应，共同创造促进学生知识与技能发展的良好环境。技术与课程的整合也可以说是开创了一种新型的教学模式。

第二，整合是在技术与课程内容、课程资源、实施评价等多个课程系统因素的相互互动摩擦的思维框架下进行的。

第三，整合就教学设计角度来讲，是在技术与课程因素相融合的基础上，以"用技术学习"为核心，营造理想的学习环境或创新的教学模式。这就需要创建新型的教学关系，确立适应教育变革的价值观、学习观和教学观等。

综上所述，这种在信息技术支持下整合的学习特征体现在以下六个方面：

第一，以建构主义学习理论为主要指导。

第二，关注学习环境设计。

第三，以革新学习方式，发展学习者高阶能力，特别是高阶思维能力为目的。

第四，技术是学习工具和认知工具。

第五，学习者与技术的关系是一种智能/认知伙伴的关系。

第六，学习者的学习是有意义的学习。

二、信息技术与大学英语课程整合的基本要求

（一）以先进科学的思想和教学理论做指导

信息技术与大学英语课程整合不是简单地把信息技术作为辅助英语教师

教学过程的信息工具，而是要在建构主义学习理论的指导下，从本质上实现大学英语教学结构与模式的变革，将信息技术与大学英语教学相互融合。以建构主义学习理论为指导的意义有以下两个方面：建构主义注重学生学习主体的地位，能够激发学生积极主动地参与学习活动，推动创新型人才的培养；信息技术与大学英语课程的整合需要先进理论的指导，而建构主义学习理论符合先进理论的教育思想。

（二）紧紧围绕信息技术与大学英语课程整合变革教学结构

信息技术与大学英语课程整合是要建立新型的教学结构与教学模式，在整合过程中要根据建构主义学习理论，正确处理教师、学生、教材、教学媒体四大要素的地位与作用，其主要内涵体现在：发挥教师作为教学活动引导者、组织者、促进者和咨询者的作用，做好对学生学习的指导、观察、分析、总结、升华的本职教育工作，将大学英语教学资源、教学要素以及各个教学环节之间的关系进行整理，优化融合，同时发挥这三者的聚焦效应，推动大学英语教学方式的变革；在整合过程中，教师应该遵循建构主义学习理论以学生为中心的原则，发挥信息技术作为推动学生自主学习的认知工具的功能与作用，注重学生在主动建构过程中学习作为问题的发现者和研究者以及解决者的地位，激发学生参与学习活动的主动性和创造性，让学生具有创造意识地扮演好知识意义建构者的角色。总之，信息技术与大学英语课程整合就是在建构主义学习理论的指导下，充分发挥各个要素的作用与功能，鼓励学生进行自主建构，将信息技术与大学英语课程真正地融合在一起，实现有意义的整合。

（三）要采用任务驱动式的教学方式

在信息技术与大学英语课程整合的过程中，可以将课程内容与实际生活相联系，设计出具有价值意义的多样化的主题任务，包括具体的学科任务、真实的问题场景，充分发挥任务对学生学习的驱动性作用，让学生在提出问题、研究问题、解决问题的过程中完成对相应学科知识与技能的掌握。有意识地开展信息技术与英语课程有机结合的横向综合性教学，同时也可以将相关学科的知识与技能要求联系在一起，通过布置一个或多个任务实现学生信息技术学习的目标。

（四）把培养能力和学习知识相结合

信息技术与大学英语课程整合的目标不仅是让学生对所学知识进行掌握，还强调对学生各方面能力的培养，让学生学会学习、掌握学习方法和培养相应的英语交际能力，在利用信息技术解决相关问题的同时，不断进行创新，以科学严谨的态度参与实践过程。同时，运用多样化的学习任务，推动学生将已掌握的创造性思维能力、观察能力和实践能力运用到涉及的多个领域中去，以一个全新的角度解决其他领域的问题，实现自身英语能力的实际运用。

（五）个性化学习和协作学习的和谐统一

在信息技术与大学英语课程整合过程中，学生在信息技术的帮助下，采用多样化的学习方法和认知工具对相同的具体问题进行具体的分析、完成，从而实现同一个英语教学计划，这是学生个性化学习的体现。在这种学习策略下，有助于学生对个性化知识的自主建构。但是不应该忽视合作学习的重要性，学生应该利用互联网提供的良好优质的交流平台，进行协同学习，结合多个学生对同一问题的观点和看法，客观综合地评价，最后整理出最佳答案，以培养学生间协同合作的学习精神。

（六）建设丰富的高质量教学资源库

高质量的教学资源是进行信息技术与英语课程整合的前提条件。如果缺乏相应的教学资源，学生学习就会缺乏理论的引导，在学习活动中就会处于被动的地位，这样不利于学生对所学知识的理解和内化。因此，就需要教师利用网络上已有的资源，搜集整理出符合学生学习特点的信息资料。教师之间也可以进行相互交流讨论，自主研发符合教学特色的多媒体素材。重视教学资源的建设，创建丰富优质的英语学科教学资源库，这样才能实现新型教学结构的建立，从而培养出更多的创新型目标人才。

三、信息技术与大学英语课程整合的基本策略

（一）以先进的教育理念为指导

为了更好地实现教学目标，必须转变教学观念，积极引进和学习先进的、科学的教学思想，尤其要强化建构主义理论的主导性地位。信息技术与大学英语课程整合并不只是表面上的对信息技术加以使用的过程，更是深化教学改革的过程。没有理论指导的实践是盲目的实践，改革将失去正确的方向。但是，建构主义理论并不能解决教学中的所有疑难问题，建构主义所强调的"学习型"是指学生主要通过自我建构的教育观念和获取知识意义的教学观念。从现实角度来看，建构主义学习理论和教学理论以及建构主义学习环境下的教学设计方法，可以为信息技术环境中的教学提供有力的支持。

（二）加大信息基础设施构建，完善整合

通过融合大学英语课程与信息技术，我们得以建立起一个多媒体网络教学平台，以满足学生在知识基础设施方面的需求，并满足个性化学习的要求。该整合理念主要通过特定软件环境的运用以及教学工具的配备，如计算机和投影设备，并且搭建校园网络、校园广播和电视设施，切实扩大了英语教学的范围。在这个多媒体网络教学平台上，教师可以充分利用各种教学资源，包括音频、视频、图像以及互动学习工具，以丰富课堂内容。学生可以通过在线学习和互动交流的方式参与课堂讨论、解答问题，并实施个性化学习。这种教学模式具有多方面的优势。首先，学生能够根据个人兴趣和学习进度，自主选择学习资料和学习方式，从而使学习更具针对性和灵活性。其次，多媒体技术的运用提供了更加生动直观的学习材料，激发了学生的学习兴趣和参与度。此外，通过网络和互动工具，学生还能够与教师及其他同学实时交流与合作，推动学习效果的提升。

（三）构建数字化英语教学环境

数字化英语教学环境是根据以下三个方面进行构建的：

1. 使用现代多媒体教学设备

利用现代技术设备，如交互式白板、投影仪等，创设沉浸式的教学情境，激发学生的学习兴趣。通过教师和学生之间的互动交流以及任务型游戏等方式，提高学生的学习效率。

2. 构建开放的网络化英语教学环境

建立一个开放的网络平台，提供丰富的语言教学资源，包括优质的视频、音频等素材。教师和学生可以随时浏览、查询、下载和上传资源，以便灵活地进行教学和学习。

3. 优化校园英语学习环境

在校园内营造良好的英语学习氛围，开展多样化的第二课堂活动。例如，组织辩论会、播放英语歌曲以及举办英语比赛等活动，丰富学生的英语学习经验，提高他们的英语应用能力。

通过以上三个策略的综合应用，可以促进数字化英语教学环境的协同发展，并提高学生的英语学习效果和英语应用能力。

（四）小组协作模式

小组协作模式是一种将信息技术与大学英语课程有机融合的有效方式。该模式使得学生能够随时随地利用电脑访问校园网和大学英语资料库进行学习，并通过相互请教和交流解决学习中的困惑和难题。若遇到难以解决的问题，学生可以通过在线向教师求助或寻求其他小组帮助来寻求解答。该模式不仅有助于提高学习效果，还能培养学生的团队合作意识。

（五）电子网络交互模式

通过电子网络交互模式开展英语教学活动能够为学生提供更多的实践机会，从而增强他们的交流水平和交流能力。通过与人工智能（以下简称"AI"）进行人机交流，学生能够在真实的语境中进行英语表达，从而提高口语能力。在人机交互的过程中，学生可以练习使用各种语言表达方式，从简单的日常用语到复杂的学术论证。学生可以得到准确的语法和词汇纠正，帮助自身改进语言表达。同时，由于电子数据库存储量庞大，具有持久的记忆和知识储备，因此能够提供丰富的语料库和实时的反馈，为学生的英语学习提供有力的支持。

在这个过程中，学生可以利用各种在线资源，如中国国际广播电台等，查阅所需的英语知识材料。这样的电子学习环境能够为学生提供丰富的学习资源，并使他们能够在自主学习的状态下进行交流。这种自主学习方式能够激发学生的学习兴趣，提高他们对英语的实际应用能力。

（六）坚持"学教并重"的教学设计理论

"以教为主"的教学设计和"以学为主"的教学设计是当前教学设计的两大类别。其中，"以学为主"就是在建构主义学习环境下的教学设计。因为这两大类别都是利弊并存的，各有特色，所以将二者结合起来，形成一个强调学与教并存的教学设计理论。该理论不仅关注教师的主导作用，而且还凸显学生的主体地位。将这一理论应用于教学设计中，基于计算机的信息技术，包括多媒体和计算机网络技术，不仅是一种辅助教师教学的视觉教学工具，还提高了学生的学习主动性。建构主义学习环境下的教学设计理论在这方面具有较强的指导作用。

（七）重视教学资源的建设

大学英语课程整合的基本条件就是要确保高质量的教学水平，教学资源的丰富性、多元化也是提高学生自主学习能力所不可或缺的。如果不能确保大学英语的教学水平和质量，那么革新大学英语教学模式也就毫无意义，创新人才的培养也就很难实现。

（八）注意结合学科的特点

新型的大学英语教学结构是构建全新教学模式的基础。教学结构原则上归属于教学方式、教学策略这一类别，但与教学方式、策略还是有一定的差别。大学英语教学方式或教学策略通常使用的都是固定的一种方法，但是教学结构是完全不同的，大学英语教学结构是两种或者两种以上教学方式的结合。在大学英语教学活动中，要想达到既定的教学效果或者目的，通常都需要借助好几种完全不同的方法和策略。促进大学英语教学模式革新的教学结构种类非常多，并且也会由于学科和教学单元的内容不同而存在差异。在实际的教学活动中，教师进行课程整合时一定不能忽视学科特征这一核心因素，在符合学科特征的基础上构建一个教师和学生兼顾的"主导—主体相结合"的教学模式。教学模式类型多样，层次分明，例如，"探究式教学模式""研究式教学模式""仿真实验教学模式"等都是我们平日里接触比较多的类型。

第四章　大学英语信息化教学的改革发展

本章为大学英语信息化教学的改革发展，主要讲述了信息化背景下大学英语教学分析、信息时代大学英语改革的作用与重要性、大学英语信息化教学设计的改革发展、信息化背景下教师能力和评价的发展与变革、大学英语信息化教学方法与教学模式的发展变革五个方面的内容。

第一节 信息化背景下大学英语教学分析

在信息化背景下,大学英语教学发生了许多变化。下面针对这些变化进行论述。

一、教学资源日益丰富

信息化背景下,教学资源的丰富性是大学英语教学的一个显著特点。这些资源不仅为学生提供了更多的学习材料,还满足了学生的个性化学习需求,学生可以根据自己的兴趣和学习进度选择适合自己的学习资源,以提升学习效果。

二、教学方法不断丰富

信息化背景下,教学方法的多样性也是大学英语教学的一个重要变化。教师可以利用多媒体技术、网络教学平台等工具,采用更加灵活多样的教学方法。例如,教师可以通过视频教学、互动课堂等方式激发学生的学习兴趣,提升学习效果。同时,学生也可以通过网络讨论、小组合作等方式参与到教学过程中,提高学习的互动性和参与度。

三、个性化学习日益凸显

在信息化背景下,学生可以根据自己的学习风格和学习需求选择适合自己的学习方式。例如,有些学生喜欢通过阅读来提高英语水平,他们可以选择阅读电子书籍进行学习;有些学生喜欢通过听力来提高英语水平,他们可以选择听力训练软件或者在线听力课程进行学习。

四、教学评估不断完善

信息化背景下,评估方式也发生了一定的改变,更加注重学生的综合能力和实际运用能力。例如,教师可以通过在线作业、项目报告等方式评估学生的学习情况,更加全面地了解学生的学习成果。同时,学生也可以通过在线测试、自主学习等方式进行自我评估,及时发现和纠正自己的学习问题。

在信息化的背景下,大学英语教学发生了许多变化。教学资源的丰富性、教学方法的多样性、学习者的个性化需求以及评估方式的改变等方面都对大学英语教学产生了积极的影响。这些变化不仅提升了学生的学习效果,也促进了教师的教学创新和教学质量的提高。因此,我们需要进一步研究和探索,不断完善大学英语教学的信息化模式,使教学效果和学生的学习质量能够得到切实提高。

第二节 信息时代大学英语改革的作用与重要性

信息技术与大学英语教学有效整合,有利于充分利用现代信息技术的优势,完成高校英语教学任务,培养大学生英语人才,推动大学生素质教育。这是信息技术与大学英语教学整合的最初形式,也是最基本的层次。教师利用教学平台或多媒体教学手段,设计英语教学内容,用形象生动的英语情境教学激发起学生学习英语的兴趣,使高校大学生的英语教学更贴合实际的生活情境。

一、促进师生交流

信息技术背景下,教师与学生通过互联网,如腾讯 QQ、微信、微博等多媒体随时随地地沟通交流,使师生之间的交流达到快速、优质、高效的效果。

信息技术、计算机辅助下的师生交流是一种科学、合理、和谐的关系,沟通交流起来更加方便快捷。在信息技术高速发展的前提下,创新高校教育教学模式,重要的还是师生角色的转换,要以学生为中心,学生是课堂的主角,教师是课堂的组织者,指导着整个教学活动。教师要积极研究融合优质课程资源,学会用多媒体、教学平台、人工智能来进行教学,注重能力教育。

二、共享学习资源

信息化带动了教育现代化，目前，我国的高校教育已全面进入融合和创新的 2.0 阶段。第五代移动通信技术（以下简称"5G"）、增强现实（以下简称"AR"）、虚拟现实（以下简称"VR"）的发展，为我们的教育提供了强有力的信息技术支持，智能教材、同步课堂使得优质的教学资源得到了共享，我国慕课的数量和应用规模、资源得到了全世界的认可。

信息技术与大学英语课程的整合，不仅能使学生学到规范的语言知识，还能通过海量的网络英语学习资源学习到英文文学语言和英语日常用语，提高学生的英语交际能力。

网络信息技术下人们获取知识的来源出现了多元化趋势，学生可以从多种渠道获取自己想要的知识，可以自主、有意义地构建自己的英语知识体系。

三、营造良好的英语学习环境

信息技术与大学英语课程整合可以打破教与学的空间与时间的限制，具有开放性、灵活性、多元性的鲜明特征，教师和学生可以随时随地依据教与学的需求进行选择性的学习。

大学英语教学的目的是学习一种英语语言，我们要学习英语的单词、语法和惯用法等，要进行"英译汉"和"汉译英"这样的练习，通过不断的练习，让学生复习英语的语法和单词，这是语言教学模式的普遍教学过程。信息技术环境为英语教学营造出一种良好的环境。调动学生投入到英语学习中来，并逐渐培养英语思维模式；增加语言积累、了解文化背景、熟悉交际技巧、提升听说能力，进而提高对语言进行综合运用的能力；丰富英语教学手段，更好地提高学生的注意力、积极性与自信心，有利于培养学生的想象力与观察力；信息技术与英语教学的结合可以创设与真实场景十分接近的语言情境，为学生进行知识同化创造了条件。

四、有利于培养学生的信息素养

信息技术融入高校英语教育教学过程，改革创新了高校英语教学方式，拓宽了高校英语教学视野，丰富了大学英语教学内容和教学资源。学生可以选择自己喜欢和需要的英语学习内容和学习方式，利用碎片化的时间学习英语，对学习资源信息进行分析、加工和利用，深入学习英语语言学科，更加贴近英语国家的真实生活，充分了解中西方国家的文化差异，从实践学习中掌握英语语言的技能，从而培养自身的信息素养与信息利用素质。

五、培养学生终身学习的态度和能力

在如今的社会环境中，终身学习已经成为一个迫切需要行动的计划。而信息技术与大学英语教学的融合，则是满足这一时代需求的一种独特方式。这种融合不仅可以培养学生主动获取知识的动机，还能够培养他们在日常实践中独立自主地学习。他们可以自主制订并实施学习计划，同时具备调节学习过程和自我评估学习成果的能力。

第三节　大学英语信息化教学设计的改革发展

一、大学英语教学资源的设计

（一）组织管理机构建设

进行大学英语学习资源的设计与开发，需要大学英语教师、课程设计者、计算机编程者、多媒体制作者、美工师等各类人员的密切配合。为了使网络学习资源的开发工作能够高效、持续地开展下去，应明确网络学习资源开发的组织管理机构和专业的学习资源建设小组。

1.组织管理机构的主要职责

第一，根据网络教学的发展规划和现实教学的实际需要，提出网络学习资源开发的长远目标和每个阶段的近期计划。

第二，建立开放的、科学的网络学习资源开发管理制度和项目内容的安全审批制度。

第三，组织和协调英语专业人员、课程设计人员及课件制作人员的工作。

第四，对网络学习资源建设的开发全过程进行有效的跟踪、检查、验收和评审工作。

第五，对网络学习资源建设经费的落实、管理及使用过程进行监督。

第六，负责对网络学习资源建设方案的可行性分析、课题立项、审批等工作。

第七，建立网络学习资源的系统规范，使开发工作依据标准化和规范化进行。

2. 学习资源建设小组的人员组成

就大学英语网络学习资源建设而言，它不仅涉及英语专业人员，还需要程序开发、美工设计、多媒体采集与制作等各方面人员的密切配合。为此，应建立具有下列人员组成的资源建设小组：

（1）总体设计人员

总体设计人员负责本项目的总体规划设计、组织协调等项目管理工作。

（2）大学英语专业教师

大学英语专业教师负责本门课程的教学设计、各种媒体素材的搜集整理、声像教学信息的编排设计及脚本文档整理等工作。

（3）程序编写人员

程序编写人员负责功能设计、程序编写、测试等工作。

（4）媒体制作人员

媒体制作人员负责各种媒体的信息采集、制作、界面设计、动画设计等工作。

（5）课件制作人员

课件制作人员负责网络课件的制作、系统整合、教学信息发布等工作。

（二）学习资源结构的规划

对学习资源的结构进行规划主要应做好以下几方面的工作：

1. 确定将要建立的学习资源的主要内容

要建立大学英语教学课件，要确定其需要哪些教学单元，确定每个单元所讲授内容的文本、录音、练习题等。如开设 3 个单元，每个单元的讲授内容有课文讲解、语法讲解、听力训练和课后练习等。

2. 学习资源的组织结构

组织结构是指怎样按照英语教学的客观规律，将所包含的全部内容合理地组织在一起，以达到结构清晰、层次分明、便于操作、利于教学的目的。

3. 存储目录结构

目录用来存储该网站的各种内容，如 HTML 文件（.htm）、图形文件（.jpg、gif）、声音文件（.wav、mp3、rm）和其他文件。目录结构根据站点的组织结构来定，二者可以相同，也可以不同。

（三）教学信息媒体素材的采集

进入信息化网络时代，多媒体声像素材逐渐在教学中占据着越来越重要的地位，以往是以磁带作为信息载体，现在是以数字化的文件形式存储到磁盘中。

要建设符合大学英语教学需要的多媒体素材，一方面可将原有的优秀声像资料进行数字化处理，另一方面可以直接利用数字多媒体采集设备进行素材的采集和制作。为了保证所收集的多媒体素材能够有益于教学，为学生提供质量高的教学辅助材料，确保其能在网络上进行高效传输，在建设多媒体素材时可遵循以下原则：

1. 符合大学英语教学需求

所采集的多媒体素材必须能够准确表达大学英语教学的本意，并对学生的学习起到促进作用。素材应与教学内容密切相关，帮助学生理解和掌握所学知识。因此，在采集素材时，需对采集到的多媒体素材进行深入的分析和评估。这包括对素材的内容进行学术层面的解释，以确保其符合教学要求和学术标准。同时，对素材的特点、优缺点、适用场景等进行总结和归纳，提高素材的质量和有效性，以便将其更好地应用于大学英语教学中，确保其能够为学生的学习和理解提供帮助。

2. 实用性原则

针对大学英语网络课程中网络带宽的限制，我们应该根据实际情况选择合适的压缩格式和媒体使用方式，以确保信息传输的效果。同时，在多媒体素材的制作过程中，科学实用和准确性是关键，要避免夸张和形式主义。通过这些措施，我们可以提高网络课程的质量，使学习者能够获得清晰稳定的音视频信息，提升学习效果。

选择合适的文件格式是至关重要的。在网络课程中，常用的视频格式包括 FLV 和 WMV 等。这些格式相对较小，具有较好的传输性能。此外，我们还可以采用更高级的压缩算法，以进一步提高传输效率和视频质量。

同时，根据情况选择合适的媒体使用方式也十分重要。在网络课程中，我们可以使用文字、音频和视频等不同形式进行表达。对于带宽受限的情况，文字表达是一种较好的选择，因为文字文件相对较小，传输速度快，并且可以通过网络直接阅读。音频和视频则相对占用更多的带宽，因此，在网络带宽较低的情况下，可以适当减少音视频的使用，或者选择较低分辨率的音视频文件。

多媒体素材的制作也需要科学实用，避免夸张和形式主义。在制作多媒体素材时，我们应该注重内容的准确性和专业性，避免夸大其词或使用夸张效果。同时，音视频信息也需要清晰稳定且质量好。应该采取合适的设备和软件进行录制和编辑，确保音视频的清晰度和稳定性。对音量的控制也较为重要，要确保合适的音量水平，避免出现杂音或声音过小的情况。

3. 标准化原则

制作和选择大学英语教学多媒体素材需要遵循教育部颁布的《现代远程教育资源建设技术规范》，以实现标准化和规范化，并促进软件的交流和推广。

4. 艺术性原则

素材选取应具备美感，符合艺术审美标准。设计要注重色彩搭配与平衡，创造视觉冲击力。同时，结构布局要合理规范，层次分明，以便学生理解和操作。要注重创意和美学元素的融入，以丰富教学内容。这些原则有助于使多媒体素材富有美感和艺术性，提升学生的学习体验和成效。

（四）教学信息的整合

多媒体教学素材在大学英语教学中具有重要的作用，其质量直接关系到学生的学习效果和学习兴趣。为了有效地利用这些多媒体教学素材，需要进行科学组织和整合信息，从而形成完整的大学英语网络课件，以适应教学目标，并充分发挥网络课程的特点和优势。

对于大学英语网络教学而言，课件的制作和信息整合应做好以下几方面的工作：

1. 使用丰富的媒体素材

大学英语课程需要丰富的文字、音频和视频素材，包括课文和生词的文字信息和朗读录音，语言点的要点提示和讲解录音。课件还要包含与课文相关的背景资料，以满足自主学习和加深理解的需求。此外，教学短片还可以用来创设语言环境、开阔学生视野，激发其学习兴趣和积极性。

2. 注意各种教学媒体间的有机联系

通过合理编排和科学融合教学媒体，构建一个和谐、自然、紧密关联的教学体系。以课文为主线，通过事件或超链接的方式，巧妙地挂接相关的文字、音频和视频信息，包括主要用法、习惯搭配、讲解录音、教学短片和情景对话等。这种精心设计的课件能够帮助学生更轻松地掌握知识、加深理解，从而达到事半功倍的学习效果。

3. 体现英语教学规律

传统大学英语教学模式注重培养学生的阅读、听力、口语、背诵和练习能力，在网络大学的英语教学中这些同样适用。因此，在开发网络课程时，需要着重营造一个良好的学习环境和氛围。一个有效的方法是在课文和英语文章中提供全文朗读录音，并将录音逐句分割，与文字内容建立超链接。学生可以反复听取或模仿每个句子的标准发音，直到能够熟练掌握。这样一方面满足了学生对于反复听读的需求，另一方面也省去了使用录音带反复倒带的烦琐步骤。

二、英语学习环境设计及优化的原则和策略

（一）信息技术环境下英语学习环境设计的原则

如何构建一个良好的信息化学习环境，使这些虚拟的学习方式能够帮助

学习者更好地学习；如何设计信息化英语学习环境中的各要素，以此来满足学习者在学习过程中的各种需求。维果茨基最近发展区等理论可以为信息化学习环境的设计提供较好的指导作用。

根据维氏理论所阐释的认知发展过程，王琦、赵霞归纳了学习过程的基本特征以及相应的信息化学习环境设计必须遵循的原则，如表 4-3-1 所示。①

表 4-3-1 学习过程基本特征和信息化英语学习环境设计原则

学习过程基本特征	信息化英语学习环境设计原则
学习需要驱动，依赖于实践中的参与	提供个性化学习环境，学习任务和目标基于有意义的活动内容。 学习内容以学习必须知道和需要知道为基础，并规定重要的学习内容。 能跟踪和记录学习者的历史和进步，并量体裁衣地为学习者提供相应的学习策略
学习是社会人以语言、符号、工具等为中介的社会行为	在社会、交际和合作的范围内使用中介语。 提供支架系统，支持学习者就特定问题与同学和教师对话、交流、反馈。 具有为完成学习任务提供帮助工具的功能，如概念、图表及其他解决问题的认知工具，从而支持深层知识的建构
学习是在最近发展区中适应现有文化成员的行为	利用学习者的最近发展区，创造能使初学者需要更有能力者的个体间的结构依存环境。 创造通过环境中的认知工具而产生持续发展和互动的环境。 创造能够利用社区中的各种专业知识的环境
学习是反思和元认知行为，是从社会到个体的内化过程	能提供通过提问和暗示帮助反思和元认知行动的工具。 强调学习广度之上的深度，使学习者分析交际言语行为。 强调任务和目标，使学习者通过实践在行动中反思

---

① 张红玲，朱晔，孙桂芳，等．网络外语教学理论与设计 [M].上海：上海外语教育出版社，2010.

续表

学习过程基本特征	信息化英语学习环境设计原则
学习是基于丰富的文化和社会语境，既习得隐性知识，又习得显性知识	提供共同的学习平台，使学习者进入基于真实语境的学习环境。 提供便捷的学习环境，使学习者能够适时地获取知识。 是其他互动形式的补充，并允许默认知识的出现
学习是从一个环境到另一个环境的知识转化，是发现概念意义相互关联的过程	能提供具有挑战性的学习环境，使学习者的反思可用于其他语境。 能为学习者观察视觉表征、模式或相关稳定变量的学习提供帮助。 能够组织信息，使学习者进入更深层次的分析过程

（二）信息技术环境下英语学习环境的设计及优化策略

信息化英语学习环境中的主体是学习者，基础是内化支持、任务支持、同伴支持和社会支持，因此，其具有动态、分层、互动的特点。

虚拟学习支持模式（Virtual Learning Scaffolding Model，VLSM）需要网络技术提供支持，强调学习者的中心地位。这种教学设计模式下，学习者可以借助于网络技术创造的环境，将外部活动转化为内部活动，从而使学习者的潜在发展水平得到提高。信息化英语学习环境也可以应用这一模式来实现学习目标。

虚拟学习支持模式共分四层。

第一层是教学策略，支持学习者使用网络环境中的各种设计元素，包括直接教学、间接教学、经验学习、独立学习和互动教学。这五种教学策略以维果茨基的理论为基础，确定学习者最近发展区，明确学习目标，制定学习任务，针对学习者的不同需要提供个别化指导。这一层面主要提供任务支持，辅助以同伴支持、社会支持和内化支持。

第二层是以第一层中的个别化指导作为出发点，站在多元智能或学习风格的角度支持学习者知识的内化。多元智能理论指出，学习者在学习风格上是存在差异的，而且学习路径也是多元化的。因此，为满足个体的需要，学习内容的呈现方式也应是多样化的。

第三层是组织教学模式，一般通过同步和异步两种形式实现。这种模式是以网络为基础的，主要作用是提供同伴支持和社会支持。区域间的同步、异步的互动、交流与合作得益于网络技术的支持。其中，同步交流提供交流文本、音像等数据，而大部分需要思考和反思的学习任务可通过异步交流完成。

第四层的咨询技术支持主要包括 Web CT、聊天、电子邮件、文字处理、网络动态信息、网络静态信息、白板、新闻组等所有形式的软件工具、网络程序和资源。咨询技术支持为上述三层的实现提供了技术保障。

第四节 信息化背景下教师能力和评价的发展与变革

随着信息技术的发展，大学英语教学发生了深刻的变化，也给英语教师的专业发展提供了新的思路与途径。教师评价是促进教师专业发展的一项重要措施，有助于教师专业能力的提高，进而推动教师改进教学、提高教育教学质量。

一、信息化背景下教师能力的发展与变革

（一）信息化环境对大学英语教师专业发展的要求

1. 全新的专业知识要求

传统的教师专业知识主要包括文化素养、专业学科知识、教育学科知识，而面向信息化的专业知识除了上述这些，还应该包括高度的信息素养，因为信息素养是信息时代所有人都必须拥有的素质。但是，从教师的职业视角来看，仅仅拥有普遍意义上的信息素养是不够的，还应该形成将信息技术与本职工作相整合应用的素养，即信息化教学设计与实施能力、技术支持的专业实践能力等。具体而言，在信息技术环境下，大学英语教师的专业知识素养还要包括以下要素：

（1）基本的信息素养

大学英语教师必须掌握现代教学技术和具备信息素养，这是信息时代改革英语教学和提高英语教学质量的关键。具体而言，大学英语教师信息素养包括以下四方面的内容：

①信息意识

信息意识是人们对各种信息的自觉心理反应，是人们对客观事物中有价值的信息的感知能力、判断能力和运用能力的综合体，即对信息科学正确的认识和对自己信息需求的自我意识。信息意识有三种表现形式：对信息具有敏锐的感受力，对信息具有持久的注意力，对信息价值具有判断力和洞察力。大学英语教师需要对教学信息有敏感度；能意识到信息对创设英语语境的重大作用，了解什么信息能促进英语教学；具有获取有利于教学信息的意识；具有将信息与英语教学整合的意识。

②信息知识

信息知识是指一切与信息有关的理论、知识和方法，是人们在利用信息技术工具、拓展信息传播途径、提高信息交流效率中所积累的认识和经验的总和，是进行搜集信息、加工信息、利用信息等信息行为的原材料和工具。信息知识包括基本信息常识和技术性知识。例如，网络信息知识是指人们对网络信息本质、特性和常识性的一些网络基本知识的了解，网络信息技术专业知识是指对网络信息方法、网络信息技术的了解和掌握。

③信息能力

信息能力是信息素养的核心，是指人们有效利用信息设备和信息资源获取信息、加工处理信息以及创新信息的能力。大学英语教师的信息能力是信息素养的核心，可细分为以下七种类型的信息能力：第一，获取能力，运用ICT（Information Communication Technology，信息和通信技术）获取英语教学资源的能力，包括信息的检索和下载；第二，评价能力，运用ICT客观评价英语教学资源和学生英语学习情况的能力；第三，处理能力，运用ICT对英语教学资源进行教学加工的能力；第四，管理能力，运用ICT对英语教学网络和本地资源进行收集、组织、整理和储存的能力；第五，整合能力，运用

ICT整合资源辅助英语课堂教学的能力；第六，交流能力，运用ICT与专家、同行和学生进行英语教学经验交流的能力；第七，研究能力，运用ICT进行英语教学研究的能力。

④信息道德

信息道德是指涉及信息开发、传播、管理和利用等方面的道德要求、道德准则。在信息素养形成过程中，信息道德承担着道德规范和监督制约不良信息行为的角色。信息道德作为信息管理的一种手段，与信息政策、信息法律有密切的关系，它们各自从不同的角度实现对信息及信息行为的规范和管理。信息道德包括著作权、合法性、道德规范等问题。信息道德规范的目的是教育人们尊重别人的劳动成果，不能恶意窃取，遵循一定的信息伦理与道德准则，规范个人信息行为素质。

（2）丰富的信息化实践知识

当前，信息网络呈现出不断扩展的趋势，教育也要加快信息化的进程，这就要求未来的教师将教会学生获取"信息知识"的本领，丰富学生的信息化实践知识当作主要的任务。但要培养出"信息化的学生"，就要有"信息化的教师"，因为教师负有指导学生学习的责任。因此，信息化环境下，涉及技术及其应用的教师实践性知识的探索就显得尤为重要。

对于"教师实践性知识"概念的界定，不同的专家、学者基于不同的研究角度得出了不同的结论。本书更加认同北京大学教育学院陈向明的观点："教师通过对自己教育教学经验的反思和提炼所形成的对教育教学的认识；教师对其教育教学经历进行自我解释而形成经验，上升到反思层次，形成具有一般性指导作用的价值取向，并实际指导自己的惯例性教育教学行为。"[①] 在陈向明看来，教师实践性知识有着丰富的内涵，不仅包括表现出来的行为，行为背后的信念、意识也属于实践性知识的范畴。姜美玲对于教师实践性知识进行了深入的研究，其主要观点体现在博士论文《教师实践性知识研究》中：教师实践性知识是指教师运用于教育实践中的知识及对教育教学的认识，通

---

① 陈向明.搭建实践与理论之桥——教师实践性知识研究[M].北京：教育科学出版社，2011：69.

常以具体的课堂教育教学实践为载体，运用体验、沉思、感悟等方式来发现和洞察自身的实践和经验之中的意蕴。姜美玲认为教师实践性知识在教师的教育教学行为中起着主导作用，通过将生活经验和个人体验融入教育教学实践情境中，帮助教师重新构建过去经验和未来计划，掌握当前行动。[①]

在信息化环境下，教师所拥有的实践性知识也被称为教师信息化实践性知识，是指教师在日常的教育教学实践中，根据自身的需要，通过体验、感悟、反思和提炼，从而形成了一种处理与信息技术相关的技能以及教学理念所带来的教育教学问题的认识。同时，这种认识还会自觉地指导着教师的教学习惯和教学行为。

教师信息化实践性知识也就是教师在应对信息技术教育情境中生成的关于"如何做"的相对稳定的策略性认识体系，是指教师在具体的日常教学实践过程中，通过体验、反思等多种方式来发现信息化教学实践过程中的意蕴，且结合自身的生活经验，逐渐积累而成的对信息化教学的认识，并且将这种认识用于指导自己的学科教学实践的知识。教师信息化实践性知识受教师工作环境、教育对象和教学内容的影响，是教师特有的一套服务于在信息化环境下开展教育实践的综合性知识，是教师在教育教学实践中生成并不断建构形成的教育经验体系与教学智慧素养。它既包含可言明的显性知识，也具有缄默的隐性知识特性。它应用于实践，贯穿于实践。它引导和规范教师言行，推动实践活动逐渐符合自身教育信念所设定的目标状态。

此外，教师信息化实践性知识生成之后并不是稳定的、长期不变的，而是根据当前遇到的问题情境与之前的个人经验灵活组合，在复杂、动态的实践场景中表现出一种惯常性倾向，是随着信息技术的发展而发展的。它在静态上反映了教师实际上对信息技术支持的教育教学的认识，在动态上反映了教师根据自身教育信念，筛选并组织相关理论性知识，合理运用能力去开展信息化教育活动，实现预期目标的行动意识，是一种行动准则。

教师信息化实践性知识并不是凭空出现和发展的，而是同应用信息技术的意识及实践密切相关。教师在教育教学实践中运用信息技术，不断累积经

---

① 魏琴. 信息化背景下大学英语教学研究 [M]. 长春：吉林人民出版社，2020.

验并转化为规律性认识，指导教学行为。教师信息化实践性知识由以下两个层面构成：一是教学信念，二是教学技能。具体表现为教师在教育教学过程中，具有自觉应用信息技术的意识，且运用信息技术解决教育教学问题已成为一种日常教学习惯。从内容维度构成来说，包含教师信念、信息技术知识、信息化教学策略知识、信息化环境中的学习者知识、信息化教学评价知识等。从整个教学过程来说，它贯穿于教师备课、上课、作业检查与批改、课后辅导及学习评价各个环节。教师信息化实践知识对于教师的教育行为有着积极意义：首先，它影响着教师的教学效果；其次，它同教师个人专业发展息息相关，是个人教师专业发展的知识基础；最后，它有助于教师群体专业化地位的提升，推动教师群体的进一步发展。

2.新的角色要求

信息时代的到来不仅迅速改变着人们的生产方式、生活方式、思维方式和学习方式，也给教师的工作和自身角色带来机遇。在信息化环境教学下，大学英语教师运用现代教学手段和教学方法，改变旧的教学理念和教学模式，在保持普通大学英语教师角色的同时，还要担当以下角色：

（1）有效主题教学模式的设计者

信息化环境下，大学英语教学要求教师探讨和设计新的教学模式和方法，既可以充分发挥网络的优势，又能提高学生的学习效率。大学英语教学内容的主题教学模式是从现实生活中选取学生感兴趣的热点话题，进行英语语言问题探讨活动，从而自然习得英语知识与技能。整个主题模式教学围绕某个主题，进行主题小组分散讨论，专题搜索阅读和集中讨论，以专题写作形式结束单元主题教学。教师在运用网络技术辅助参与讨论时，要合理安排课堂教学内容和网上资源的占有比例。通常情况下，阅读和写作可放在网络自主学习中，而答疑解难、讨论和讲评可以在课堂上进行。

在信息化环境下，教学主题都可以在网上查到大量的相关资料，包括有关的背景知识和最近的发展动态等，学生可以对自己搜索的资料进行整理总结，得出个人的见解和结论，和其他同学展开交流讨论，这样可以拓展、延伸学生的知识面，提高学生参与话题的兴趣和积极性。在这种学习模式下，为了帮助学生迅速查到相关的资料，避免耗费过多的时间，教师可以在学习网站上链接常用热点新闻网址，帮助学生了解更多的国内外新闻知识。

（2）交互机制实施的促进者

应用语言学家认为，语言习得的关键在于交互活动，意义协商和语言输出都包括在这一活动之中。而互联网为大学英语学习的交互提供了更大的便利，教师作为网络交互学习实施的促进者，应当组织和指导学生参与主题单元任务的交互活动。比如，教师可以利用BBS发布教学内容和布置学生任务，为学生查找资料和分析解决问题提供指导；还可以利用腾讯QQ就某个专题和学生进行交流，使用腾讯QQ交流群和讨论组进行信息传送和问题交流讨论。此外，在作文批改方面，可以使用专门的批改软件进行纠错打分，这种方式节约了教师的时间，也满足了学生希望教师批改作文的要求。这些网络交互活动可以是即时性的，也可以是延时性的，学生可以在留言板或者论坛中提出问题和求助，其他同学可以参与讨论交流，并给出问题的答案和帮助，就每个问题或者章节，教师可以给出自己的见解和总结性发言。在整个交互活动中，教师的身份就是一个参与者和评价者，平等地参与讨论交流，并适当给出指导性的建议。

（3）网络信息的搜集者和分析者

随着大规模在线公开课程的使用，大量的名校课程均可以免费获取，学生进行学习的途径有了更多的选择，这也相应地对大学英语教师提出了更高的要求。数字教育平台的建立使得各门课程的网络学习者数以万计地即时产生，网络课程库的信息海量、飞速、纷繁复杂地被捕捉、储存起来，其中包括学习者的每个学习步骤、学习时间的长短、测试的成绩、参与讨论的频率和方式等细节，只有通过搜集、挖掘、分析这些学习者的海量信息，才能准确把握学习者的特征、学习效果，预测适合学习者下一步的学习内容和学习形式，真正做到因材施教，量身定做个性化的学习计划和模式。随着信息技术的蓬勃发展，大数据在教育领域得到了广泛的应用，并取得了显著的效果。大学英语教师作为大数据的挖掘分析者，必须掌握大数据分析的方法，如机器学习、模型预测、可视化等。机器学习涉及多个学科，包括计算机科学、数学统计和概率论等。它旨在开发算法,通过分析已知数据并发现模式,从而预测未知数据;模型预测作为一种分析方法,利用建立的数据变量模型,对比比较不同模型,以此预测学生未来的行为;可视化是将大数据进行标签编辑,便于查找、分析预定的目标,可视化是进行大数据分析的有效手段。

（4）在线学习系统的建立者和学生学习过程的监控调节者

网络技术为学生自主学习提供了便利条件,调控、提供个别辅导和帮助学生自主学习成为教师的主要任务。

为了实现有效的学生管理和个性化辅导,网络教学必须依赖一个高效的在线教学系统,用于监控学生的学习进程。这个系统至少包含教师端和学生端,学生通过学生端填写个人信息,按照班级向教师提出申请加入系统;教师通过教师端核查信息,确定无误后批准学生进入学习系统。学生可以根据各项指示导航在课程信息中获得相关学习资料,在"单元测试"中进行自我测试和训练,在"家庭作业"中提交个人作文。每个学生都可以通过"师生论坛"和电子邮件与教师及其他同学联系交流。教师只要登录教学系统就可以查看学生的测试作业和作文,并可以在网上批改回复,还可以浏览"师生论坛"和电子邮件,了解学生的自主学习和参与网上交互的情况。

在线教学成为课堂教学的延伸和补充。通过系统记录和处理,教师可以将学生的学习记录进行综合比较,既可以获得单个学生的变化成长记录,也可以得出学生间、班级间的差别比较。于此,教师可以迅速、直观、动态地了解学生学习状况。在网络教学系统中,建有"管理员"模块。在一个或者几个年级中展开网上教学活动的保障工作,管理员负责系统中的关键性因素,如班级、课程、用户信息的添加与修改,不断地调整、保障整个学习系统的正常运行。整个学习系统通过联系网管、聊天室和BBS,进行教、学和管理三方面的交互活动,学生对教学内容、方法和任务的见解和看法都可以在系统中作出反应和反馈。教师端成为教师的个人网站,教师可以传递授课内容,发布通知,布置作业任务,进行网上交流和信息反馈。在网上教学实践中,网络学习的效率和网络资源的利用率取决于教师的具体操作与设计,以及如何调动学生参与网上自主学习的积极性。

网络与英语教学联系的日渐紧密，对大学英语教师提出了更高的要求，大学英语教师需要成为有效主题教学模式的设计者、交互机制实施的促进者、大数据的搜集挖掘和分析者，以及在线学习系统的建立者和学生学习过程的监控调节者。

3. 新颖的教育理念与非凡的科研能力

（1）新颖的教育理念

网络背景下，语言学习是一个相互作用的过程，它的顺利实施有赖于教师和学生的互动。在这个过程中，教师和学生都扮演着主体的角色，教师是教学的主导者，学生则是学习的主体。因此，互动学生主体课堂理念不仅没有否定教师的作用，反而更加强调教师的指导管理和监督作用，教师发挥着愈加重要的作用。在这种教学理念下，作为教学的主体，教师要发挥指导的作用，课前须搜索相关的教学材料，设计有效的语言活动主题，并布置课堂的活动任务，调动和激发学生的参与热情，让学生课下做好充分的准备，包括网上搜集资料和课下交流讨论等。课堂交流活动可以是分组活动，也可以是个人展示；可以制作幻灯片（以下简称"PPT"）课件，也可以播放视频；可以先讨论再展示，也可以先个人陈述观点，大家讨论后教师进行点评。在网络互动平台上，实现师生、生生互动的课堂延伸活动和完成教师的监测环节，将学习活动任务在教室和网络空间搭建成互相促进、互相补充的统一整体。

（2）非凡的科研能力

教学理论来源于教学科研实践，科研实践是检验科研理论和再次形成科研理论的基础。教育教学要把科研和教学实践结合起来，教学实践要以一定的科研理论做指导，同时，新的科研理论方法产生于教学实践，两者互相补充，互相促进，共同发展。大学英语教师要具备高度概括和提炼教学过程而形成教育科学理论来指导未来教学实践的能力。

作为网络时代的大学英语教师，要具有一定的科研水平。这就要求每一位教师除了解基本的研究方法，如问卷调查法、教学实验法、文献法、访谈法，还需掌握教育叙事研究、个案研究和行动研究等。教师可以根据自己研究的需要，选择适合自己的研究方法。另外，大学英语教师还应具备网络信息搜集、信息分析加工和信息反馈等方面的能力，并且具备进行大数据搜集和分析的能力。

（二）信息化背景下促进大学英语教师专业化发展的思考

近几年来，随着社会对英语需要的日益增长，新课改实效性的加强以及大学英语教育教学改革的日趋深化，众多专家、学者普遍开始关注大学英语教师的专业发展，并针对大学英语教师专业化的发展目标、发展方向以及专业自身的成熟度等问题进行了讨论，提出的意见也极具建设性和可行性。教育部于2001年对"教师专业化"进行了界定，认为它就是"教师在整个专业生涯中，通过终身专业训练，习得教育专业知识技能，实施专业自主，表现专业道德，并逐步提高专业素质，成为一个良好的教育专业工作者的专业成长过程"[①]。由此可知，教师专业化的实现是一项长期的任务，要想实现大学英语教师的专业化，就需要大学英语教师在整个教学生涯中不断学习、总结和接受专业化训练，以增强自身的英语专业知识和技能，从而提高自身的专业素养和教学能力。当前，信息技术与课堂教育的结合呈现出越来越紧密的趋势，主要原因在于以下两点：一是科技的日新月异及应用的快速、普遍，二是政府对教育的关注和投入日益加大。在现代的具体教学过程中，应该从下面几方面着手，使教师有效、灵活地运用新的教育技术，进而使大学英语教师的教学工作更加专业地与现代大学教育教学的特征相适应。

1. 英语教师专业化要合理协调好信息技术与传统教育之间的关系

信息技术这一概念所包含的内容较为宽泛，一方面涉及随着社会生产力发展与科学技术的发展在教育领域之中的运用，另一方面包括新的教育理论、教育思维以及教学手段。多媒体网络语音室是伴随着信息技术在教育教学中的普及，计算机网络技术的日趋成熟而产生的。在高校教学改革中，信息技术提供了强大的技术支撑。教育部于2007年正式颁布了《大学英语课程教学要求》，指出：在大学英语教学中，传统的授课形式并未被淘汰，而是更加注重运用计算机和网络的教学方式，从教师讲解、学生倾听的模式变为以计算

---

① 魏琴. 信息化背景下大学英语教学研究 [M]. 长春：吉林人民出版社，2020：20.

机、网络和教学软件为主的个性化和自主学习的模式。① 于此，基于多媒体网络技术的信息技术在大学英语教学中的作用日益凸显，为大学英语教学质量的提升提供更多的技术支持。

传统教学与信息技术教学之间的差异主要体现在教学模式、教学方法、教学内容上。传统教学模式是以讲授式教学为主，注重教师的主导作用，课堂活动也是以教师为主体的。而信息技术教学模式是以网络、计算机、教学软件、音频等为主的新技术、多层次、多角度的立体式教学模式。在以学生为主体的课堂活动中，教师需要担任三种任务角色，即课堂的设计者、组织者、引导者，充分发挥信息技术的功能和优势，进而充分尊重学生的个体差异。另外，信息技术教学创设了新的教学环境，实现了有效教学。在网络教学环境下，教师较少使用黑板和粉笔，多采用幻灯片、电子邮件、录像等多种方式进行教学。除此之外，许多大学还开设了自主学习的平台。

传统教学与信息技术教学并不是彼此孤立，相互排斥的，而是相互联系，相互影响的。随着信息技术日渐成熟，教师的教育观念正在不断更新，新颖的教育手段也在不断涌现。信息技术教学以其独特性、先进性、高效性吸引着人们的关注。然而要想真正发挥出它的优势，就必须根据教学内容的实际需要合理使用信息技术，信息技术教学内容、模式、手段必须符合教学目标，服务于教学目的，教学中的教师、学生与教学内容、手段要相互联系，相互配合。信息技术与传统教育技术间的关系是互为补充、互为监督的，这样可以防止出现过度依赖某种技术的现象或者不科学地利用信息技术对教师专业化进程的发展所造成的不良影响。为了充分利用信息技术辅助课堂教学，教师应先深入研究教学内容，然后根据内容的特点恰当地运用信息技术，只有这样才能达到最优的教学效果。

2. 英语教师专业化意识的培养要与信息技术能力的习得相统一

英语教师专业化意识的培养不仅对于提高大学英语教师素质具有积极意义，而且也是大学英语教学改革的重点。实践证明，在大学中开展丰富多彩的大学英语教师的信息技术能力学习研究活动，鼓励大学英语教师积极参与

---

① 魏琴.信息化背景下大学英语教学研究[M].长春：吉林人民出版社，2020：21.

信息技术能力的培训,是培养大学英语教师专业意识的有效途径。从当前的教学实践来看,一所符合时代要求、适应现代教学需要的大学,其英语教师专业化、注重教学设备科技化的水平较高,倘若大学及教师不提高信息技术的应用能力,则有可能会被淹没在时代的潮流里,逐渐为时代所淘汰。

信息技术能力习得的过程包括学习、演练、应用、提高,进而将此能力应用于大学英语教师的实际教育教学工作中。在这个过程中,大学英语教师的视野不断开阔,知识的广度和深度不断拓展,以便他们能够探索和涉足其他相关领域,进而成为专业技能熟练、知识丰富、多才多艺的教学行家。因此,在高校英语教师专业化能力中,掌握信息技术的能力非常关键。一旦熟练掌握某项信息技术,就可以激发学生的学习热情,并提高教学效果。例如,在讲解《新视野大学英语》中的 The battle a –gainst AIDS(抗击艾滋病)这篇课文时,可以辅以多媒体技术,展示一些艾滋病的图例和视频等相关资料,帮助学生更深入地了解这种病毒的传播途径、预防措施等知识,同时也让学生对此疾病有更为清晰的认知,加深印象,从而更容易地理解和掌握相关专业词汇。在视听的刺激下,学生不仅能够更直观地获取知识,还能对艾滋病的防治措施有明确的认识,有利于大家形成正确的健康观念。另外,对于初次进入大学英语教学领域的教师而言,熟练掌握信息技术的应用能够促进其从非专业英语教师向专业英语教师的转变,进而快速提升自身的教学素养和能力水平。

3.信息技术的发展有利于加速英语教师专业化进程

网络多媒体是指利用计算机技术集成文字、声音、音乐、图形、动画、音频、视频等多种形式的媒体,通过逻辑链接实现更生动、更复杂的信息传递。这是一门综合技术,特别适用于信息技术发达的现代社会。其具有多方面的优势,主要体现在以下几方面:第一,信息量大且图文并茂;第二,传递速度更快;第三,具有多样化的信息载体形式,如声音、视频等;第四,融开放性、交互性、自主性、生动性和个体化于一体,能够使教学效果得到有效的提高。当然,这也对大学英语教师专业化发展方向和提高教育技能提出了更高的要求。

从实际情况来看，信息技术在大学英语教学中扮演着至关重要的角色，不仅可以影响教学方式和手段，还能够推动教师的教学方法、水平及效果的提升。

伴随着信息技术的迅猛发展，信息技术在各行各业中得到了广泛的应用，教育领域自然也不例外。信息技术在大学英语教学中的应用具有积极意义：首先，大学英语教师借助网络和信息技术软件，不仅可以随时随地全面、深入地了解西方社会文化知识结构，还可以全方位地提升学生学习和应用信息技术的能力和水平；其次，将信息技术应用于大学英语教学中不仅有助于丰富教学手段，而且有助于提升学生的学习技能；最后，将信息技术应用于大学英语教学中，不仅有助于提高英语教师的教学能力，还有助于提高教育教学的质量和效果。实践证明，在大学英语课堂教学中科学合理地运用信息技术，不仅是推动大学英语专业化、技能化发展的有效途径，也是大学英语教学改革的重要内容。现如今，社会的发展对于大学英语教师应用信息技术的能力提出了更高的要求，即根据学生的年龄特点、所传授知识的不同选择恰当的现代信息技术，这样一方面有助于激发大学生学习英语的兴趣，提高他们学习英语的技能，另一方面也有助于提升英语教师自身的知识储备，使他们的英语授课技能得到显著提升，进而促进大学英语教师的专业化发展。

二、信息化背景下教师评价的发展与变革

（一）教师评价内涵

1.教师评价的概念与过程

（1）教师评价的概念理解

教师评价就是指对教师的工作质量进行价值评判，其中，学校的教育目标和教师的根本任务是评价的准绳，恰当的评价理论和科学的方法手段是评价的基石。科学的教师管理制度和方法是促进教师自身发展、改进教育教学、提高教育质量的重要机制，而科学地评价教师的工作是科学的教师管理制度与方法的重要基础。

对于教师评价这一概念，不同学者有着不同的解释。有的学者认为，教师评价是一种评估教师工作价值的行为，既可以是对教师已有表现的评判，也可以是对教师潜在价值的评估，旨在促进教师的专业发展，并提升教学技能水平。另外一些学者则认为：教师评价的意义在于对教师的教育教学素养和工作表现进行全面、客观、公正的衡量和评估，从而为推进教育教学事业的持续发展提供有力支持。通过教师评价，可以及时发现教学中存在的问题和不足之处，提出有效的改进措施和建议，有助于促进教师的职业成长和专业进步。

要完整地理解教师评价的内涵，应该注意以下几点：

第一，教师评价由多种要素构成，如教师自身的素养、在教学过程中的行为表现以及教学效果等。教师评价应从多个层面、多个角度出发，缺少任何一个方面，对教师的评价都会缺少科学性、全面性。

第二，测量与分析是教师评价的基础。教学评价是一种判断教学活动及其效果的价值。对于评价者而言，必须以一定的客观标准为依据，对于教学活动各方面的资料或证据系统完成收集，做好各个方面的测量，才能保证结论的科学性和判断的客观性。这里所说的测量指的是评价者对评价对象进行的某种数量化的确定。利用数学的方法描述事物，并将对其进行区分是测量最为基本的特征。需要注意的是，测量并不涉及价值的判断。而评价则是基于这种描述，对事物的价值进行确定，也就是说，应当以测量结果为依据判断事物的价值。

第三，教师评价的目的是向教师提出建议，以促进教师发展，进而实现学校教育的改善。

教师评价不同于其他教育现象的评价。教师评价有其独特的特点，这些特点是由教师的劳动特点和职业技能要求决定的。教师评价既具有直接性，又具有间接性。教育是培养人才的活动，教师从事的是一种脑力劳动，在这种劳动中，劳动者与劳动手段是融为一体的。教师的劳动就是以自己的知识和才智、品德和技能通过言语行为对学生发生作用的。正因为如此，教师评价具有直接性。

教师评价的范围极其广泛，不仅包括教师外部行为的表现，也包括其工作的绩效。教师面对的是人，是学生，其劳动成果、工作绩效最终是通过学生来表现的，教师工作质量的高低直接表现在学生成绩的好坏，从这个意义上说，教师评价又具有间接性。

教师评价还具有科学性，应该制定科学的评价标准体系，广泛收集相关信息，采用精确的检测手段，保证评价的客观、可靠。

学术界对于教育评价的目的进行了广泛而深入的研究，基于不同的研究角度取得了总结性和形成性评价两种研究成果。这两种评价所占的地位是学术界探讨的热点问题。总结性评价和形成性评价的差异主要体现在功能上，总结性评价的功能侧重于鉴定、选优、总结，而形成性评价则关注评价在活动中的形成作用。形成性评价在活动进行过程中发挥作用，及时发现存在的问题，并对活动进行调整，为最终决策提供参考。换言之，形成性评价注重评价的作用与过程，而总结性评价更侧重于评价的结果和总结。

教师评价也同样因为评价的目的不同而出现了两种截然不同的类型：一种是以提高教学效能为主要指向的教师评价，另一种是以促进教师专业发展为主要目的的教师评价。

"提高教学效能"的目的在于提高教学质量，主要的方式有衡量结果、明确职责、奖优罚劣或解聘不称职教师。一般来讲，这与教师人事制度密不可分，关系着教师的奖励和惩罚，并以此为依据决定教师的聘任、提升、加薪、评优等。有研究表明，教学效能评定导向的教师评价的理论假设主要有以下几方面：

第一，解除对不称职教师的聘任能够有效保证学校教育的质量。

第二，如果教师获取的信息是足够的，建议是可行的，那么他们达到预期的水平就是有可能实现的。通常教师的受教育程度越高，其依据环境的变化对自己进行调整的能力就越强。

第三，教师是专业工作者，必须热爱自己的职业。当充分满足了教师的工作所必需的条件时，教师的创造力就会被激发出来，进而对教学和科研活动进行改进，使教学、科研的水平能够得以提高。

根据现代科学的教师评价观,评价教师的目的在于促进其个人素质的提高以及教育教学工作的不断改进,而这也是发展性教师评价的核心宗旨。

(2)教师评价的过程

①明确评价目的,制定评价方案

所有教师评价活动都有特定的目标和要求。在进行评价时,评价者需要根据评价的目的以及特定评价对象的具体情况,制定出详尽的评价方案。比如,对于新手教师和骨干教师的评价是不同的,这种不同不仅表现在评价目的、要求等方面,还表现在评价方案的设计方面。

②开展评价活动

在进行教师评价活动前,需要向公众宣传评价的重要性。换句话说,评价者需要与被评价者进行沟通,明确评价的目的、意义、原则、内容,以及参与评价的机构和人员等。这样可以让评价对象充分了解评价的意义,减轻他们的焦虑情绪和恐惧情绪。同时,评价者还应与教师进行对话,让教师表达自己的看法,并让教师参与到评价过程中。

③处理信息和撰写报告

初期阶段,评价者获得的各种信息比较碎片化,难以系统化地解释问题。这就要求对收集到的各种信息进行整理、汇总和综合,以得出评价结果,然后再在评价的基础上产生评价结论。

有以下几点需要特别留意:第一,要全面考虑所有信息,不能偏向或偏爱某些评价信息而忽略或漏掉其他方面的评价信息;第二,应选用适当的技巧和手段对信息进行整理和分析,例如,采用定量或者定性分析的方法;第三,应确保评价结果的合理性、可操作性、针对性以及可接受性,关于这一点,评价者可以和被评价者共同商讨,在意见基本一致的基础上得出最终的评价结论。

④汇报评价结果,收集反馈信息

从本质上来说,教师评价只是一种措施而不是目的,旨在推动教师专业素养的提升、教育教学工作的改进和教育教学质量的提高。因此,向相关机构和个人报告教师的评价结果并收集反馈信息是教师评价过程中的最后一步,也是重要的一步。这个步骤能够检查教师评价的目标是否达到，并为未来的教师评价工作提供改进意见和建议。

评价的结果究竟能不能公开发布是一个有争议的问题。其实，评价结果的发布是有条件的，也是有一定范围的，对有些教师评价的结果和结论是不需要保密的，因而可以公开；有些评价结果和结论可以公开，但有一定的范围限制；还有一些评价结果必须严格保密。

2.教师评价的形式与作用

（1）教师评价的形式

①专家评价

就实际情况而言，专家评价并不常见，通常只被用作辅助评价。这种评价的操作方式主要是听课。专家评价的主要优点在于：通过专家在教师的实际教学情境中收集和分析处理信息，从而帮助教师发现问题，提高教学水平与质量。这种评价方式克服了校内领导、教师同行、教师自我等评价主体的局限，以开阔的视野和客观的判断进行教师评价。专家评价有利于校内教师形成新的教学风格。

②领导评价

领导评价是一种自上而下式的教师评价，是由校长或学校上级领导对教师进行的评价。在评价过程中，如果校长或其他评价者能广泛地听取群众的意见，多渠道地收集信息，并能根据教师在专业中存在的不足提出改进建议，那么这种教师评价也不失为一种较好的教师评价方式。

③学生评价

教师评价的民主化在学生评价中得到了显著的体现，形式多种多样，如问卷调查和座谈会等。学生的评价通常主要围绕教学方面展开，包括评价教师的教学态度、技巧、表达能力、组织能力、与学生之间的交流情况等方面。从学生的评价效果来看，学生提供的信息往往是真实可信的，这一点保证了教师评价在一定程度上是真实有效的。

（2）教师评价的作用

①指引作用

教师评价从以下方面对教师专业发展起着指引作用：

第一，就教师评价的准则和标准而言，它们对教师评价的具体内容以及达到什么样的程度为优良等进行了详细规定，同时解释说明了教师专业发展的价值观念，如应该着重予以关注的内容等。科学的、合理的评价准则和标准能够为教师在思想上确立明确的专业发展目标，在行动上制订出合理的专业发展规划提供引导，进而使教师能够有目的、有计划地开展专业发展活动，使教师专业发展活动的效率得到大幅度提升。

第二，从教师评价的程序与方法来看，如今，在教师评价中，过程评价的地位和作用日益凸显，而实现这一任务的关键在于将各种评价形式和手段进行科学有效的整合。它能够唤起教师内在的需求，塑造教师的工作态度，引导教师积极参与评价过程，并以主人翁的身份投入其中，助力教师不断进步和发展。

第三，从教师评价的结果来看，它对教师工作的方向具有固化和强化的导向作用。教师评价结论是每个教师都十分关心的事情。教师通过分析自己的评价结果后会发现，自己在哪些方面得到了认可和肯定，哪些方面没有达到标准，从而强化了教师对专业发展方向和目标的科学认识。

②诊断作用

在教师评价过程中，教师通过将自己的评价结果与评价标准作比较，能够发现自己的差距所在，并且分项显示的评价结果可以帮助教师找到自己究竟在哪些方面存在不足。由此，教师会追问一系列对其专业发展来说颇有意义的问题，如自己的知识结构合理吗？自己的教学态度端正吗？这些问题的发现过程其实就是教师通过教师评价进行自我诊断的结果。此外，教师评价还有效促进了个体教师与身边的同事、学生、家长、学校领导等进行合作对话，这为教师获得许多专业发展所需要的反馈信息提供了机会，进而使教师更加客观、全面地认识自己的优势和劣势。当然，教师评价的诊断作用并不止于帮助教师认识到专业发展中存在的实际问题，还可积极地促进教师寻求解决问题的"良方"。

③激励作用

心理学家认为，人的一切行为都是由某种动机引起的。动机是人类的一种精神状态，对人的行为起着激发、推动、加强的作用。所以，旺盛而持久的发展动机对教师专业发展来说至关重要。

教师专业发展的动力主要来自个体教师所具有的敏锐的专业发展意识和强烈的专业发展要求。所以，要不断激励教师，使其发展动机得以强化，而要实现这一目的就必须借助教师评价这一有效途径。

教师评价是众多激发与强化教师专业发展动机的途径。在教师评价中，可以呈现出教师自身专业发展中的成就、人格、能力等，当领导、同事、学生及家长对其给予肯定性的评价之后，教师的精神世界就会受到激励，就会获得成就感、认同感，以及由此而产生的愉悦感、安全感和满足感。由此可以看出，教师评价对激励教师不断地追求专业发展具有不可忽视的积极作用。

（二）大学英语教师发展性评价

1. 发展性教师评价的内涵

（1）发展性教师评价的含义

发展性评价制度源于20世纪80年代初期，当时在英国开放大学教育学院任职的纳托尔（Latoner）和克利夫特（Clift）认识到教师评价制度与社会需求相脱节，无法推动教育教学进一步发展。基于此，他们倡导在教育领域中应用发展性评价制度。80年代中期前后，英国公众对教育质量日益关注，不少教师的教学水平受到质疑，要求提高教师素质的呼声也越来越高。面对社会舆论，不少人把提高教师素质、改善教学质量的希望寄托在教师评价制度上。

1985年夏天，英国皇家督学团发表了题为《学校质量：评价与评估》（Quality in School：Evaluation and Appraisal）的报告，报告中对教师评价制度和奖惩制度要相互独立的观念予以了明确，在新的发展性教师评价实施的过程中，这个规定所起的作用是决定性的。

此后，由英国教育部与科学部出资，在地方教育当局实施了为期两年（1987—1989年）的发展性教师评价制度试点研究工作。全国领导小组于

1989年10月提交了试点研究工作的专门报告。报告中主要对发展性教师评价制度实施所要达到的目标以及所起的重要作用进行了详细的阐述,具体体现在以下两个方面:第一,发展性教师评价能够使教师的斗志得到激励,士气得到鼓舞,使教师与教师之间能够互相信任,和睦相处;第二,发展性教师评价针对教师的创新持积极支持和鼓励的态度,进而使课程教学改革得以进一步深化。[1]

自20世纪80年代末以来,英国教育部逐步摒弃传统的教师评价制度,开始推行一种新型的教师评价制度——发展性教师评价。

发展性教师评价就是在一定的发展性目标的基础上,在发展性的评价技术和方法的支持下,对教师素质发展的进程进行评价解释的一种评价制度。在这一评价活动的具体实施过程中,教师通过对自己的不断认识、发展和完善,不断地对自我素质结构进行积淀、发展和优化,促进自己在专业理念、教学技能、专业服务精神等方面得到和谐自然的发展。它不是指某一种特定的教师评价方式,而是一系列能够促进教师素质发展与提高的评价方式的总称。

(2)发展性教师评价的特征

①以促进教师专业发展为目的

发展性教师评价将教师工作视为一种专业职业,并认为每个教师在教育教学过程中都有不断成长和发展的内在需求和潜力。据此,发展性教师评价为教师提供关于教学信息反馈和咨询,使教师对自己教学中存在的优点和缺点进行反思和总结,在此基础上,为教师个人以后的专业发展和个人发展提供指导和帮助,进而提高教师的专业素质和教学能力。显然,这种理念与现行评价体系有着质的区别。它不与奖惩、得失挂钩(通过衡量结果来评判等级、明确职责、奖优罚劣或解聘不称职的教师),其目的在于提高教学效能。因而有助于教师在一种轻松、和谐的氛围中不断提高个人素质和教学水平,更利于调动广大教师参与教师评价的积极性。

---

[1] 史小燕.现代教育评价[M].石家庄:河北人民出版社,2004.

②注重评价的分析性，强调多种方法的综合运用

发展性教师评价的目的是对教师进行诊断，发现教师现存的问题并提出改进策略，较为重视定性的分析，强调通过面谈、课堂观察、非正式交流等形式进行信息收集，同时就发现的问题与不足，有针对性地提出改进的意见与建议，并为教师制定相应的发展目标。发展性教师评价注重质性评价与量化评价方法的综合运用，要求将量化的评价分析与质性评价有机融合。

③评价内容突出综合素质，重视个体差异

在发展性教师评价中，教师的综合素质是评价的重点所在。具体来讲，就是依据动态和发展的理念，系统、全方位、长时间、反复地评价教师教学工作中的每一个环节。教师所从事的教育教学活动具有长期性和复杂性的特点，工作中成绩的取得并不是一蹴而就的，而是需要长时间的积累和沉淀。因此，仅仅依靠一两次的单项评价并不能将教师教学工作的整个发展过程真实客观地反映出来，反而有可能导致评价结论与教师实际工作表现呈现出较大的偏差，使教师不能很好地进行教学活动。因此，只有进行综合评价，才能对教师教学中的工作表现有一个全面系统的了解，对教师的发展方向及需求有一个清晰的把握，进而对评价过程中的晕轮效应、趋同效应等引起的各种偏差进行有效的修正。所以，对于发展性教师评价而言，综合评价是必不可少的。

发展性教师评价还注重教师的个体差异。教师与教师之间所存在的差异具体表现在个性心理、职业素养、教学风格、交往类型和工作背景等方面，所以，在发展性教师评价的过程中，应该在这种差异的基础上，使评价标准、评价重点的确立和评价方法的选择体现个性化，并且在对每一位教师提出改进意见、专业发展目标和进修计划等方面具有更强的针对性。如果忽视了教师间的个体差异，就有可能导致教师不能将潜能和优势充分挖掘和发挥出来的问题，进而对教师的专业发展和积极创新产生负面影响。

④注重发挥教师自我评价的功能

在发展性教师评价中，教师是评价活动的积极参与者，是与评价者平等的合作伙伴。评价过程高度重视被评教师的意见和观点，有利于提高收集到

的评价信息的质量,从而作出客观正确的判断。特别是重视教师自我评价的作用,强调教师的主体意识和创造精神的发挥,使教师能够通过自我评价认识自我、完善自我,自觉地改进问题,从而获得更好的进步与发展。

2. 发展性教师评价的原则

(1)单项评价与综合评价相结合原则

出于使评价结果的有效性以及可信性能够有所提高这一目的,在发展性教师评价制度具体实施的过程中,单项评价和综合评价的有机结合是必须要遵守的原则。

单向评价指的是针对教师工作的某一个具体方面进行评价,如课外活动、师生关系等;或者是针对教师在某一个时间段内的工作进行评价,如一堂课、一次班会等。对于教师综合评价而言,单项评价占有十分重要的地位。单向评价可以有效地防止综合评价结论出现表面化以及简单化的倾向。

综合评价指的是采用动态和发展的眼光,系统、全程、长期、循环反复地评价教师工作中的任何一个环节。

就综合评价与单项评价的关系来看,其是共性与个性的关系。综合评价以单项评价为基础,并借助于单项评价表现出来。离开了综合评价,就很难对评价对象的工作表现进行全方位的了解,也很难对教师的发展倾向以及发展过程中的需求进行把握,更不可能对评价过程当中因为影视界效应、考虑周到效应等引发的各种偏差进行修正[①]。

实际上,单项评价与综合评价相结合的过程是静态评价与动态评价相结合的过程,是专题性评价与概括性评价相结合的过程,也是形成性评价与终结性评价相结合的过程。

(2)定性评价与定量评价相结合原则

现代评价理论指出,任何客观存在的现象,都有数量方面的存在。所以,在对教师进行评价的过程中,可以采取量化的方式处理评价的数据、信息及结果,进而将评价结果以数据的形式呈现出来。上述做法可以保证认识的准确性,并促进其不断深化,也有助于对评价的结论进行量化比较。

---

① 刘欣月. 高校教师发展性评价研究[J]. 佳木斯职业学院学报,2020,36(5):285-286.

当然，量化不是评价过程中绝对的和唯一的途径，可以结合定性评价同时进行，把定性评价与定量评价有机地结合起来。就教师这一工作而言，是需要付出复杂劳动的。这一劳动的复杂性主要体现在以下几个方面：第一，多种多样的教学任务；第二，灵活多样的劳动手段；第三，需要长期努力才能够取得劳动成效；第四，具有示范作用的教师的一言一行。

由于教师的工作具有复杂性的特征，因此对教师进行评价应该采用定性评价与定量评价相结合的方法。在对教师的工作进行评价时，不仅要对教师的工作量、教学课时、课外活动等进行关注，还要对教师完成工作的质量进行衡量。如果只考虑教师的工作量，则可能会使教师把重心放在课时数量和课外活动次数等方面，忽略提高教学质量和开展教育科研的重要性。而如果过于关注教师工作质量，就可能导致教师过度追求科研成果的数量和公开课的开展，忽视自身应该履行的其他教学职责。因此，只有将定性和定量分析结合起来，才能真正彰显教师工作的特点，从而获得更科学的评价结果。

（3）评价过程的民主性原则

发展性教师评价与奖惩性教师评价具有显著差异，具体体现在是否保证评价具有民主性，被评价教师是否积极参与。相比较而言，发展性教师评价更注重评价的民主性和被评教师的积极参与。这意味着我们需要让评价过程更加透明，减少评价过程的神秘性。因此，在进行发展性教师评价时，首先，要将评价目标、评价标准、评价方法、评价程序、评价要求完整地呈现给评价者和评价对象，以激发双方的积极性。其次，需要明确评价者与评价对象之间具有平等的关系，他们应该是协作的合作伙伴，而非监督和被监督的关系。

（4）评价信息的保密性原则

唯有做好相关资料的保密工作，才能保证在对教师进行发展性评价的过程中，教师可以积极主动地参与其中，进而使评价的信度以及效度得到有效的保障。这也是获得教师信息的一个极为重要的条件。

3. 大学英语教师发展性评价策略

（1）更新教师评价理念

思想对行为起着指引作用，同样地，评价活动是否合理也取决于评价理念是否科学。评价教师不应只从行政管理角度出发，单纯以奖惩为主，而应注重教师专业发展，将教师专业成长、学校科研和教学水平的提高结合起来，以达到教师和学校共赢的目标。评价教师时不能只盯着过去的成就，也不能一味地强调眼前的成绩，应该以一种长远的视角来看待每一位教师的成长和发展。正确评价教师应该与他们的专业发展相关，并不一定要与奖励或惩罚直接挂钩，并且评价只是评价方法中的一种普遍性指标。管理者应该把评价对象扩展到教师自身、学生、同行和专家等更广泛的范围，以达到更全面、更准确的评价。此外，被评价的教师还应当主动更新教师评价的观念，更加积极地参与评价过程，并利用评价结果来推动自身的发展。

（2）优化科研教学权重，关注发展，体现公平

推动教师参与科研是十分必要的，但是忽视教学成果在评价体系中的重要性是不可取的。在科学的教师评价体系中，我们应当鼓励教师将更多的时间和精力投入教学工作中，同时尽可能地将科研与教学相结合，使两者处于同等重要的位置。发展性教师评价强调要站在教师专业化发展的高度，以推动教师专业知识、素养以及教学技能的提升为宗旨。因此，在确定教学和科研权重时应该因人而异，避免一刀切的做法。此外，权重的分配应该考虑教师的专业成长，随着时间的推移动态调整。教师在开始从事教育工作时，因经验和知识水平不足，应注重教学方面的工作。随着经验的增加、知识的积累和科研能力的提高，应逐渐增加科研方面的工作，使教师在不同阶段的科研和教学任务得到相应的平衡和合理的分配。

（3）定量定性相结合，突出质量兼顾效率

针对大学英语教师的评价，我们应该采用发展性教师评价的方法。这种方法需要考虑英语学科的特点，同时采用定量和定性评价相结合的方式，以弥补彼此的不足，达到更好的效果。

在评价教师的科研能力时，应考虑英语学科学术界的规则，并营造一种相对轻松的评价氛围。而在学术评价中，应该将高质量、高水平作为学术评价的重要标准，侧重于论文是否原创，是否探究的是当前英语教学中的前沿问题，是否具有创新性，而不是过度关注论文发表的数量。

评价教师教学时，应将教学质量视为重要指标。课时数可以用来参考工作量，但评价教学质量需要综合考虑多种因素，包括教师自评、同行评价、学生评价和专家评估等。同时，评价结果和具体内容要及时反馈给被评价的教师，以帮助他们识认识自身的优势和不足，并在未来的发展中做到长短互补，切实发挥评价在促进教师成长方面的作用。

第五节　大学英语信息化教学方法与教学模式的发展变革

一、大学英语教学法的主要流派

人们对语言和语言学习的不同看法直接导致了不同大学英语教学方法的形成和发展。另外，大学英语教学方法的形成和发展与教学实践、社会需求也有着密切的关系。首先，语言学的深入发展以及人们在语言研究过程中所产生的新观点不断地改变着大学英语教学所采取的实践方式。其次，人们在大学英语教学实践中积累起来的丰富经验，以及对大学英语教学所取得的新认识，会帮助语言教师不断地发现和理解存在于教学中的一些客观规律，不断地改进相应的教学方法，进而推动大学英语教学的发展。最后，在不同的时期，社会对英语的不同需求也有力地推动了教学法的不断变革。

（一）认知派教学法

认知派教学法以语法翻译法为代表，这一派教学法的主要特点是强调学习者对语言规则的理解和自觉掌握。语法翻译法的主要特点是以理解目的语的书面语言、培养阅读能力和写作能力以及发展智力为主要目标；以系统语法知识为教学主要内容，采用演绎法，对语法规则进行详细分析；用母语进行教学，翻译是其主要的教学手段等。20世纪中期，古典语法翻译法发展成"近代语法翻译法"，开始注重对听说能力的培养，但重视语法和翻译仍然是这一教学法的特点。

在20世纪30年代至50年代，一种主张通过母语与目的语的翻译和结构对比自觉掌握目的语的教学法在继承语法翻译法的基础上产生了,这种教学法被称为自觉对比法。自觉对比法的特点是依靠母语自觉进行翻译对比;重视语言知识的教学;以书面语为基础,不重视口语教学,反对听说领先。进入20世纪60年代,主张在第二语言教学中发挥学习者智力作用,通过有意识地学习语音、词汇、语法知识,理解、发现、掌握语言规则,并能从听、说、读、写方面全面地、创造性地运用语言的认知法诞生了,这一教学法在新的认知基础上重新肯定了强调语法学习和发展智力的语法翻译法,因此也被称为"现代语法翻译法"。

(二)经验派教学法

经验派教学法以直接法为代表,这一派教学法的主要特点是强调通过大量的模仿和操练形成习惯。这一派教学法主张以口语教学为基础,按照习得母语的自然过程,强调用目的语直接与客观事物进行联系教学,而不是依赖母语和翻译手段。此外,20世纪初,英国人韦斯特(M.West)创立了一种强调通过直接阅读来培养阅读能力的教学法,被称为阅读法(Reading Method)。该教学法认为第二语言教学的首要任务便是培养学生的阅读能力,强调阅读是基础。另外,在20世纪二三十年代的英国,由帕默和霍恩比提出创建的一种以口语能力的培养为基础、强调通过有意义的情景进行目的语基本结构操练的教学法产生了。这种教学法早期被称为口语法,后被称为情景法。该教学法指出学习语言需要有以下两种能力:一种是有意识的学习能力,另一种是天赋的自然学习能力。这一点可以被看作最早提出区分语言学习与习得的理论。

(三)人本派教学法

人本派受人本主义心理学影响,特别强调以学生为中心,教为学服务,并且更多地考虑人文方面的教学因素。比较有代表性的教学法有团体语言学习法、默教法、全身反应法、暗示法、自然法等。

20世纪60年代初,由美国心理学家柯伦(C.A.Curm)提出创立的团体语言学习法主张采用小组集体讨论的形式,把学习过程看作咨询过程的第二语言学习方法，这一教学法也被称为咨询法。加特诺（C.Gattegno）首创了另一种教学法——默教法（The Silent Way），这种教学法要求教师在课堂上尽量少说话，多鼓励学生参与语言活动，从而使学生更有效地掌握运用第二语言的能力。默教法的主要特点集中体现为以学生为主体，教师尽量保持沉默，教学中把词汇看作语言学习的核心。全身反应法的教学特点主要体现为将学生口语能力的培养确立为教学总目标，通过全身动作的反应来训练理解能力，主张先理解后表达。

20世纪60年代中期，保加利亚医学博士洛扎诺夫（G.Lozanov）提出并创立了暗示法。此教学法强调通过暗示开发人的身心两方面的潜力，激发高度的学习动机并创造最佳学习条件，将有意识和无意识的活动相结合，让学习者在放松而又注意力高度集中的心理状态下进行有效学习的教学方法。

20世纪70年代后期，克拉申等倡导、创立了自然法（Natural Approach），这一教学法以培养学习者的口头和书面交际能力为教学目标，课堂活动全部用来交际，强调可理解的输入以及理解的重要性，重视学生的自然习得过程。

（四）功能派教学法

20世纪70年代，受社会语言学、功能主义语言学的影响，重视培养学生语言交际能力的功能派教学法应运而生了。这一派教学法的主要代表是交际法。这一教学法代表了世界第二语言教学法流派的最新发展潮流，也是20世纪后期影响较大的教学法流派。

另外，在20世纪80年代的英国，进入教学法研究的"后方法时代"，一种新型的任务型教学法（Task-based Teaching）产生了。该教学法是在交际法基础上的发展，教学活动以学生为中心，教师设计具体的、带有明确目标的活动，让学生用目的语通过协商、讨论达到学习目的。

以上各种教学法流派在不同时期对我国大学英语教学产生了影响。在20世纪50年代以前，受语言和社会环境影响，我国在大学英语教学法上基本采用的是语法翻译法；到20世纪五六十年代，"直接法"从被批判到被客观评价慢慢接受，并且我们自己也慢慢发展出了"相对直接法"；20世纪六七十年代,"听说法""视听法"逐渐受到重视,听说为主、读写为辅的教学理念也被广泛接受;20世纪70年代后期,功能法传入我国,并成为影响较大的教学法流派。

作为世界第二语言教学法流派中影响较大的派别,它们的形成和出现都是建立在一定的语言学、教育学、心理学理论基础之上的,在发展演变过程中,不同教学法流派也在保持自己特色的同时不断吸取其他优秀教学法的长处来完善自身。并且教学法的更迭也受整个社会时代发展的影响,从最开始的教学法探索到二语习得的兴起再到后方法时代,教学法在教学任务中的角色也在不断转变。

二、信息化背景下大学英语个性化教学方法

(一)个性化教学的内涵

个性化教学就是教师在课堂上、在教学过程中、在一切教育时空中,对每一位学生的个人价值表示尊重,并最大限度地发展其潜能,以促使学生在遵守普遍性原则的基础上,能够真正有效地按照自己的行为和思想进行英语交际。在个性化教学里,教师和学生的作用及地位同等重要。通过师生间、生生间的互动,实现学生心理逻辑和知识逻辑的和谐统一,进而构建出一个英语学习螺旋上升的发展过程。教师应采用不同的教学策略和手段,在教学过程中对学生的自主学习进行引导和启发,让学生在不断的探索和体察中逐步提高英语技能。

个性化教学是为满足学生的个性化学习需求,以促进学生个体人格健康发展为目标,教师采用个性化的教学手段来实现的教学活动。这一定义强调了以下几层含义:

1. 个性化教学注重实现教师个性化的教

社会的发展,时代的进步,都使教师肩负着越来越多的社会职责,从知识、经验的传授者到社会品德教育的示范者,再到今天,英国课程理论家斯腾豪斯(Stenhouse)提出的"教师作为研究者"(The teacher as researcher)这

一要求。与此同时，斯腾豪斯还明确指出："没有教师的发展，就没有教育的发展。"① 因此，解放教师个性、减轻教师在教学以外的负担是当前教学改革的重要任务，只有这样，教师才能会教、乐教，进而实现创造性的教。

（1）会教

自古以来，教师的基本职责就是传道、授业、解惑。"传好道，授好业，解好惑"不仅是教师的基本职责，更是教师实现个性化教学的第一步。教学是一门融艺术和科学于一体的学科。所以，要想使每一位教师都学会教学这本身就较困难，除了要对教师的个性特征、人格体验进行考虑，还要对教师的知识掌握和专业技能进行考虑。假如教师仍把自己的职业或作用定性为知识、经验的传授者，那么将被时代抛弃。现代社会更注重教师作为引导者的一面，需要他们教会学生学习，在学生的发展过程中不是作为旁观者，而是参与进去，成为学生学习的引导者和促进者。

（2）乐教

乐教指的是教师要做到"乐于传道、乐于授业、乐于解惑"，最大限度地发挥主观能动性。激发教师的教学热情是乐教的本质要求。教师的教学热情与学生的学业成绩呈正相关，还影响着学校领导、学科专家对教师工作的认可。与学生相比，教师具有更多的社会角色。所以，实现教师乐教的关键所在就是解放教师个性、减轻教师负担、准确定位教师职责。

（3）创造性地教

创造性地教是实现个性化教学的关键，要求教师做到创造性地"传道、授业、解惑"。其做法包括：教师自己具有创造意识，不因循守旧；具有创造性的思维，不唯书至上；应投身于各种创造性的活动中去，不囿于课堂。只有这样，教师才能实现创造性地教，使课堂焕发出蓬勃生机。

2. 个性化教学注重满足学生个性化的学

教学是由两部分构成的，即教师的教与学生的学，而教是影响学生学的重要条件。这是因为学生学的必要因素在于学生本身，也就是说，即使教师在教，但学生不予注意或知识准备不足的话，教不一定能够促进学。因此，

---

① 张华. 课程与教学论 [M]. 上海：上海教育出版社，2000：42.

在基于学生个体差异上,应真正尊重学生的正当需要与兴趣,使学生会学、乐学、创造性地学是个性化教学的使命。

(1)会学

在教育面向未来的实践中,教会学生学会学习是其中的一点。未来社会要求人们必须具有一种独特的个性,善于创造,敢于迎接各种挑战。所以,在教学过程中必须以当代的大教育观为出发点,培养学生的自学能力,使他们学会学习。正如法国政治家埃德加·富尔在《学会生存》一书中所提出的那样:"未来的文盲不再是不识字的人,而是没有学会怎样学习的人。"[①]

(2)乐学

乐学就是以学习为乐,由于人与人之间的差异,"乐"的标准和尺度也有所不同,但只有让学生了解自己的需求、爱好、兴趣,把自己的个性、才能解放并发挥出来,才可以使每位学生在自身能力许可的条件下实现自己的乐学。

(3)创造性地学

创造性地学包含两层意思,一是学习本身需要不断创新,二是学习的目的是创新。个性化地学的根本目标就是创造性地学,它不仅要求学生具备良好的心理素质、知识结构,还要求教师在教学的过程中了解学生的学习概况,消除学生学习的心理障碍,使学生能够在创造性学习中不断提高个人素质,发挥创造力。

3. 个性化教学注重促进个体人格的健康发展

20世纪80年代以来,美国的艾斯纳在课程教学领域提出表象型目标,其本质即追求"解放理性"。该目标对学生的个性发展和创造性表现进行了强调,还对学生的自主性和主体性进行了突出,尊重学生的个性差异,指向人的自由和解放。在童年期、青春期甚至是整个人生中都应该最大限度地发展个体的能力。个性化教学对这一观点持支持、赞同的态度。另外,个性化教学不仅重视学生在教学过程中的个性,还重视教师在教学过程中的个性。

---

① 于美方. 大学教学方法[M]. 南京:东南大学出版社,1994:52.

(二)大学英语个性化教学提出的背景

1. 实施大学英语个性化教学是提高大学英语教学质量的需要

"大学英语教学的改革与发展,从20世纪80年代中期开始,在过去的十几年当中一直实行的是大学英语的规范化教学。"因此,为了提高大学英语在经济和社会迅速发展的新形势下的质量,大学英语实施个性化教学是大势所趋,人心所向。

2. 信息技术发展为实施大学英语个性化教学提供技术上的条件

近年来,教育信息化得到了大力推广,国际互联网带宽不断增加,各高校的校园网建设、计算机配备不断发展,都为学生在计算机和校园网上学习英语课程提供了物质基础。基于计算机技术的英语教学已经发展到能够在国际互联网、校园网上为学生提供听、说、读、写、译等互动和交流的全方位的个性化教学的高级阶段。国内外的出版集团和软件公司也开发并提供了众多可供选择的英语教学软件和工具,推进基于计算机和网络技术的个性化大学英语教学改革的技术条件已经具备。

(三)大学英语个性化教学实施

2003年3月,教育部部长专题会议讨论通过了启动"高等学校教学质量与教学改革工程"的总体方案和基本思路。大学英语教学改革作为"高等学校教学质量与教学改革工程"的重要内容,也进入了实施阶段。

从教师层面来看,可以通过教学策略来实现个性化教学的理念。

1. 课堂教学的准备方面

课堂教学的准备是指教师在授课前对整个教学过程进行计划和构思,其中包括以下两方面的内容:一方面是教师自身的备课,另一方面是为了指导学生所做的学习准备。个性化教学要求教师充分发挥自己的聪明才智,创造出充满个人特色的教学设计,不再满足于只把教材中的意义符号教授给学生;在指导学生确定其学习起点和最终目标时能够以学生以往的学习经验、现有的学习能力、独特的个性心理特点为根据。教师应该坚信学生具备自我教育的能力,引导他们掌握学习技巧,发掘互联网的教学价值,帮助他们从媒体资源中自主获取知识,以此培养他们的实践能力。这种方法将课堂教学与开放式自主学习、第一课堂与第二课堂有机地结合在一起,使学生受益匪浅。为了确保所有学生都能有所进步,教师应该平等地对待每一位学生,引导他们组成各种正式或非正式的合作小组,进行有效的课外合作学习,一方面满足基础薄弱学生的需求,另一方面为基础较好的学生提供更大的发展空间,同时为课堂教学打下坚实的基础。

2.课堂教学的组织方面

课堂教学的顺利实施有赖于多种条件的支持,组织策略就是重要因素,包括设计情境以激发学生的学习兴趣;通过教学方法激发学生学习的积极性,启发他们进行有益的意义构建和思考。从个性化教学角度来看,为了提高学生的学习兴趣,教师需要设计出各种与课文相适应的情景和教学方法,促使材料变得有趣。多媒体教学可以利用优美的画面、动听的音乐刺激学生的感官,调动他们的学习积极性,拓宽他们的知识面。为了达成统一教学目标和个别目标相结合的目的,教师可以根据学生的要求,进行大班授课与小班辅导相结合的教育方式。这样做既可以促进学生英语语言水平的稳固提高,还能够锻炼他们的实际应用能力(特别是听说能力),也可以奠定扎实的语言基础,有利于其进行个性化学习。

三、信息化背景下大学英语个性化教学模式

(一)个性化教学模式的分类

不同的学者根据不同的教学原理,对个性化教学进行了分类。

从教学过程的进展出发,美国人沃尔伯格(H.J.Walberg)把个性化教学分为三种模式:阶层模式、随机模式、多元多阶模式。

下面分别对三种模式进行详细的介绍。

1.阶层模式

根据学生过去的学习经验、能力及其心理特征来决定学生的学习起点;学习过程具有先后顺序,可循序渐进地进行;所学内容的难易程度有所不同,

每个学生在学习新单元之前，必须达到教学目标规定的水平。学生学习的过程就如同上台阶，学生被分配站到不同高度的台阶上作为起点，攀登过程中每个人的跨度可以不同，但每个人的目标都是到达顶峰。

2. 随机模式

根据学生能力、经验等心理特征决定每个学生的学习起点。教学过程不必程序化，不必循序渐进；在未达到单元教学目标之前，可以超前学习新单元，但总的教学目标是一致的。学生学习的过程就如同玩拼图游戏，可以选择从不同的板块图开始，随意组合，直至完成拼图。

3. 多元多阶模式

根据不同学生的个别差异来确定学生学习的起点，选择最佳的学习途径，实现统一的教学目标。学生的学习过程就好比春游踏青时全班约定在某一地点集合，每位学习从家里出发，选择适合自己的最佳路线，采用不同的交通方式（如步行、骑自行车、乘公交车等），到集合地会合。

（二）英语个性化掌握教学学会认知

1. 英语掌握教学的过程与基本步骤

掌握教学模式是围绕单元教学展开的。在教学开始时，要诊断学生的先决认知行为、先决情感特点等，之后再设计与学生特点相一致的学习单元。在学生掌握某一学习单元任务后，可以依据学生的学习情况设计出新的、适合这一阶段的学习单元。若学生达不到教学要求，则需要采用补救或矫正的方式，使学生掌握学习过程，并完成学习任务，从而使教学形成一个依次递进的单元教学系列。

对掌握教学进行设计时，除了要掌握教学过程的特征，还要考虑教学的基本步骤。布卢姆把教学分为以下几个步骤：

（1）建立教学目标

布卢姆认为，清晰而确切的教学目标是掌握学习的前提，也是后继评价的标准。他认为教师应该根据教育目标分类学的规定，把每一学科的教学目标具体化。教育目标分类学把教育目标分为三大领域，即认知领域、情感领域、心理动作技能领域。其中，认知领域有知识、领会、运用、分析、综合、评价这六个从低到高的教育目标，情感领域有接受（注意）、反应、价值化、组织、价值与价值体系的性格化这五个从低到高的教育目标，心理动作技能领域有知觉、定向、有指导的反应、机械动作、复杂的外显反应、适应和创新这七个教育目标。①

（2）设计单元教学

设计单元教学实际上是掌握学习的准备阶段。根据具体的学科教学目标，组织教材，以单元教学为中心，每一单元教学有具体的行为目标。根据教学内容来划分单元，一般是按章节划分的，有时也会按教学实践划分。

（3）展开教学活动

尽管教学活动是在班级群体中进行的，但是为了使每位学生都能达到掌握学习的目标，教师必须实施个性化教学。通过诊断学生的先决认知条件和先决情感特点，施以必要的准备知识，并激发学生的学习动机，帮助学生树立信心，使学生能够充满热情地学习。

（4）设计形成性评价

在单元教学结束以后，想知道学生是否掌握学习内容，就必须进行形成性测验。测验是形成性的，即只反映学生自己在学习过程中的进步状况，而不是把测验结果与其他学生进行比较。测验的题目编制是与教学目标、教学单元相配套的，目的是了解和诊断学生在本单元的学习情况。

（5）设计充实性教学活动

对于那些达到目标要求的学生，应给予充实性教学活动。通过更为广泛的与学生特点相一致的充实性学习，使学生得到更全面的发展。

（6）发展总结性评价

这种总结性考试的成绩对学生掌握学习内容和达到课程目标的程度进行评定。在一个学年或学期结束时，必须就每门学科的学习进行总结性评价。

2. 英语掌握教学的实施方法

掌握教学在实践中有一套严格的实施办法。

20世纪60年代，卡罗尔（Carroll）提出了与其学校学习模式相一致的实

---

① 邓志伟. 个性化教学论 [M]. 上海：上海教育出版社，2002.

施方法，具体包括八个方面：教学内容具体化；激发学生学习动机；提供学习材料；按不同学生的学习速度呈现学习材料；控制学生的学习进度；诊断困难，提供矫正；给予掌握者及时的表扬与鼓励；维持一定时间内的高效率学习。①

20世纪70年代，布卢姆等人在对卡罗尔的教学模式进行修正的基础上提出了更加具体和系统的教学模式，其包括以下几点：

第一，让学生了解教学模式的特征，包括教学内容、教学方法和允许的学习时间等。

第二，学生通过自我测验对自己的进步进行评价。

第三，教学以课堂小组的形式进行。

第四，根据学生的初步评价，把学生分为两组，即已掌握学习小组和未掌握学习小组。

第五，已掌握小组的学生，由教师提供丰富的教材，进行自主学习；未掌握小组的学生，由教师帮助学生选择学习材料，进行个别指导教学。

第六，单元学习结束后，将未通过测验的学生列入未掌握组，接受个别指导，直到其掌握为止。②

四、大学英语个性化教学改革实践

（一）教学设计个性化

多元智能理论指出，教师在教育各阶段，安排教学活动时要同时兼顾八种领域的学习内容，综合运用多样化的教学方法，同时提供有利于多种智慧发展的学习情境，让每个人的各种潜能都能获得充分发展的机会。而各种教法又各有利弊，如何正确地运用，需要教师在了解教材的基础上，根据自己的特长，进行教法上的编制、设计和加工。教师应该做好组织者和引导者，帮助学生积极主动地利用教材为自己的学习服务。

---

① 邓志伟. 个性化教学论[M]. 上海：上海教育出版社，2002.
② 同①.

1. 个性化的情景设计

在大学英语教学中,情景教学原则是一个至关重要的准则。说话的内容和语气受到多种因素的影响,例如,地点、时间、场合和身份等。这些因素会限制或塑造语言的创造性和灵活性。为了促进学生创造和灵活运用语言的能力,在教学过程中,教师需要根据学生的生理和心理特点,设计符合学生个性和生活实际的会话,让学生在真实情境中学习并掌握语言运用技巧。

2. 个性化的任务设计

"任务型"教学要求教师依据课程的总体目标并结合教学内容,创造性地设计贴近学生实际的教学活动,吸引和组织他们积极参与。让学生通过调查、思考、讨论、交流和合作等方式,学习和使用英语,完成学习任务。比如,在进行英语文化教学时,设计的任务可以是以小组为单位来策划、查资料、进行英语学习竞赛等。

3. 个性化的作业设计

个性化作业设计应注重学生个性的发展,通过布置新鲜有趣、学生乐于接受的作业来达到教学效果。例如,在进行经典影片播放后,教师可以让学生自由结组,也可以通过抽签的形式结组,创设可运用的情境,分角色扮演,或者让学生用言简意赅的语言口头复述电影的故事梗概及主题思想,请学生共同分享和交流自己在电影中听到的一句有意思的话、一个地道的表达、一段富含哲理的对白;也可以举行围绕课文内容的英语辩论赛;还可以让学生制作 PPT,然后上台演讲,使学生发自内心地对作业感兴趣,愿意花时间、花精力去做好作业,真正做到寓乐于教,寓乐于学,使学生的个性也得到全面的发展。

(二)给学生选择的空间

在授课过程中,应该提供多种选项,让学生有更广泛的学习机会和更适合他们认知方式的学习体验,进而激发他们的创造力,使其潜能得到最大限度的发挥。如在句型转换和词语释义的例题教学中,学生可以根据自身的知识和理解水平,探索不同的解题思路和技巧。在课堂练习中,学生有权自主选择适合自己水平和掌握程度的练习题目和形式。只要我们能够充分挖掘适合学生个性发展的教学因素，巧妙设置符合学生需求的主题，使每个学生都能按照自己的节奏自由学习，最终实现个性化发展，进而达到在学习中能够充分发挥自己潜力的目标。

（三）给学生交流的机会

每个人在思考问题和解决问题时都有独特的方式和策略，这种个性化的方法和策略是教学活动中的宝贵教育资源。因此，教师应该给予学生机会进行交流互动，并且鼓励他们勇敢地展示自己的思维过程。交流完毕后，应尽量避免让他们去比较哪种做法最好，而是鼓励他们思考并探讨还可以采取哪些行之有效的做法。通过这种交流方式，学生不仅能够展示自己的特点，获得成功的喜悦，还能从不同角度重新认识和思考问题，从而使自我认知体系得到整合、修正和补充，进而实现思维的深入发展。

（四）实施个性化评价，激励不同个体享受成功

学生英语学习的评价是一项复杂的工作，需要考虑两方面的内容：首先，不仅要关注他们学习的最终结果，还要关注他们在学习过程中的变化以及英语学习技能是否得到了提升；其次，不仅要关注学生的学习水平，还要关注他们在教学实践中展现的情感和态度。由于每位学生都有其独特性，所以评级的标准、内容、方法应当因人而异。评价的目的并不是要甄别并挑选学习优异的学生，而是要促进全体学生的全面发展，这才是个性化评价的最终目的。

1. 作业中的个性化评价

作业是教师和学生进行互动和交流的一种手段。在对学生进行评价时，可以运用多种不同的评分指标。还可以通过面对面的方式鼓励学生，比如，使用赞赏的话语，这不仅能够给予学生自信和鼓励，也能丰富作业评价的内容，还可以提高学生学习英语的兴趣，激发他们的学习潜力，使英语学习成为一种享受。

2. 课堂教学中的个性化评价

每个学生的学习方式和能力不同，在课堂教学中的表现也各不相同。所

以，教师应该对每个学生进行个性化的评价。对于成绩优异、进取心强的学生采用竞争性评价，坚持高标准、严要求，以鼓励他们保持谦逊和严谨，并不断超越自我。针对中等水平的学生，应采用鼓励性评价，指出存在的问题，指导他们朝着正确的方向努力，从而激发他们的积极性。针对学习成绩暂时不理想的学生，应该采用激励评价，寻找他们身上的闪光点，当他们的成绩取得进步时，要及时给予肯定，点燃他们学习的激情，增强学习的动力。例如，同一个问题，不同的学生回答所得出的答案可能是不同的。当成绩优异的学生回答对某个问题时，教师可以简洁直接地表达肯定。当提问学习成绩暂时不理想的学生时，如果其回答是正确的，教师要给予其更多的鼓励，或者带动全班同学鼓掌以示肯定和表扬，从而提高他们的学习积极性。这样的评价方式不仅可以激励各种类型的学生积极参与学习活动，还能够更好地迎合学生的个性化差异。

只有坚持人本观念，才能切实做到尊重学生，理解学生，从学生的实际出发，科学地评价学生，从而促进学生健康成长。教育实践证明，在大学英语教学中秉持人本理念，尊重学生的个体差异性，最大限度地进行个性化教学，有助于激发学生的潜能，提高教学质量和效率。受遗传、教育背景等因素的影响，学生的学习能力是不相同的，只有尊重学生的学习个性，将学生作为教学的主体，才能调动学生学习的积极性和主动性，从而促进大学英语教学改革的成功，推进素质教育的有效实施，实现学生的个性化发展。

英语个性化课堂教学为学生提供了学习场所和学习手段的最佳环境，它对大学英语教学具有重要且直接的影响，而随着社会生活和教育的不断发展，课外活动已经成为有目的的教育活动的组成部分。英语课外活动多元化探究强调了英语课外活动的重要性，于此，教师在教学中应积极引导学生开展课外活动，以更好地调动学生的学习兴趣。

第五章　信息技术在大学英语教学模式中的应用

本章为信息技术在大学英语教学模式中的应用，分别介绍了信息技术在大学英语教学模式中的优势、翻转课堂在大学英语教学中的应用、多媒体技术在大学英语教学中的应用、微课和慕课在大学英语教学中的应用几个方面的内容。

第一节　信息技术在大学英语教学模式中的优势

从宏观上来看，这种新型教学模式不仅是信息技术和课程的有机整合，也是一种新的教学理念。实际上，它可以推动语言运用能力和创造性思维的发展，促进教学资源、要素以及环节的优化和组合，推进对学生创新精神和实践能力的培养和发展。

一、有利于知识的获取

信息技术教学手段可以实现电子媒体在课堂上的直接应用，推动抽象知识的具体化，进一步突出教学重点。同时，它具有一定的交互性，这推动了学生与授课内容的有机结合，促使学生的积极性能够得以充分调动。相关研究表明，在英语教学环境中积极推进英语教学媒体的使用，可以实现英语学习效率和教学效果的大幅度提升。

二、有利于提高大学英语课堂教学效率

通常情况下，好的英语课应该具备明快的教学节奏以及紧凑的教学环节，并且可以把丰富的信息提供给学生。而合理使用信息技术有利于学生主观能动性的发挥以及大量信息的存储，进而推动英语教学质量和效果的提高和改善。在充分利用信息技术的基础上，教师可以更好地完成课堂教学的呈现工作，进而充分发挥出信息技术的作用和价值。

一方面，多媒体教学促进了大学英语课堂教学效果的改善。随着多媒体的引入，学生接收的信息变得更加多样化、形象化，在此基础上形成的教学模式会对学生产生较大的吸引力，有利于培养和发展学生的创造性、自主性，从而进一步提高学生的学习效率，改善教师的教学效果。

另一方面，多媒体教学是在计算机网络和课堂有机结合的基础上形成的，

可以为学生提供课下进行自主学习的平台，进而提高学生的自主学习能力，促使师生间的交流进一步加深。

三、有利于大学英语教学个性化的发展

信息技术的应用可以推动个性化大学英语教学环境的创建，在此基础上形成的教学模式可以使师生间的交流进一步加深，进而实现个性化大学英语教学。

目前，很多高校已开设"第二课堂"，即网络课堂，学生可以在网络教室里独立完成计算机操作，同时也可以基于自己的兴趣爱好和知识能力水平进行英语教学程序的选择，进而开发自身的学习潜力。

四、有利于增强大学英语教与学的交互性

英语是一门学科，具有较强的实践性，而交互性则是其教学活动较突出的特点。

多媒体教学模式具有灵活多样、活泼生动的特点，可以创建良好的语言学习环境，加深师生间的交流，从而构建出有益的平台。

第二节　翻转课堂在大学英语教学中的应用

一、翻转课堂在大学英语听力教学中的应用

（一）大学英语听力翻转课堂教学模式设计

翻转课堂是一种创新的教学方法，将知识的直接讲解教学从课上移至课下，从教室移至学生自己的学习空间。这样一来，课堂就成为一个灵活的、互动的学习环境，学生成为课堂的主人，教师为学生的学习、探索和讨论提供辅助和指导。课堂教学由师生共同进行学习课题的研究。教师将时间和精力用于对学生的听力技能的指导、对相关背景知识的拓展以及对重难点的讲

解上。目前,教学方式变得更加多样化,例如,讨论式、表演式等。

1. 课前导入微视频

教师不仅可以像传统的课堂教学那样使用教材等资料,还可以自行制作或在网络上收集质量较好的教学微视频,其内容短小精炼,例如,讲解某一单元的生词、短语和句法的教学微视频,讲解某一语法的教学微视频,讲解某一写作主题的教学微视频等。这种教学微视频时间短,图、文、音并茂,能够使学生学习的过程更加有趣,提升学习效率。例如,大连理工大学出版社出版的《世纪英语听说教程》Ⅱ Unit 4 In a Restaurant,这一单元的主题就是西餐厅,教学内容为点餐和评价餐饮以及西方用餐礼仪的文化,教师可以制作教学视频,在其中插入相关的西方影视片段,使学生了解西餐的用餐礼仪和中西餐用餐礼仪的差别,并且总结出西方用餐过程中的用语,在帮助学生学习知识点、完善知识体系的同时,也通过影视片段或者外国视频博主的视频网络日志(以下简称"vlog")等,了解西方社会真实的餐饮文化。

所以,教师在课前环节的任务就是制作合适的翻转课堂教学微视频,上传至网络平台供学生自学,并监督学生的自学和答题情况以及其在交流板块的疑问,设计课堂教学的过程。教师的授课内容变成学生自习内容,教师通过添加拓展知识,突出学生学习的主体性,激发其学习兴趣,并且为其深入思考和讨论留出空间,从而获得理想的学习效果。

2. 课中抓住教学重点

因为在课前学生已经通过微视频自学了知识点,所以教师不用再占用课堂时间讲解基础知识,而是可以直接针对学生的疑难问题进行讲解,结合重难点知识,更准确地抓住教学重点,使教学更具针对性、更高效。

同样以《世纪英语听说教程》Ⅱ Unit 4 In a Restaurant 为例,教材内容中有"How would you like your steak? I like it well done"这一句子,一些学生不理解"well done",此短句的一般意义为"做得好",但在句子中指的是"全熟的牛排"。教师可以在线上或线下解答学生的疑问,并讲解牛排的食用方法以及不同熟度的表达法,同时,以此为契机,引导学生讨论更多有趣的话题,例如,分享个人的西餐体验或者趣闻逸事,以此激发学生的学习热情。

在课堂教学中，教师还可以组织多样化、趣味性的学习活动，调动学生的积极性，从而提升教学效率。例如，利用多媒体设备，创造真实的情景，让学生听和复述英语对话，使学生的听力技能得到锻炼的同时，也能够了解西方社会的文化，帮助他们开阔文化视野。

3. 课后巩固知识点

课后巩固知识点是非常必要的。大学生具有较强的记忆能力，能够迅速掌握所学知识，但是，记忆遗忘速度也较快，因此，需要及时进行课后练习、完成课后作业以巩固知识点。为了让学生的学习更加有趣，教师可以考虑引入一些互动学习软件，例如，英语趣配音、英语流利说，以此替代传统的背诵、默写等作业方式。同样以《世纪英语听说教程》Ⅱ Unit 4 In a Restaurant 为例，教师可以为学生提供与西餐相关的视频，让学生模仿并配音，再将配音视频上传至英语教学网络平台或者直接上传至社交平台，交由教师和同学评价，激发学生完成课后任务的积极性。

教师可以将课前环节的教学微视频、课中环节学生的情景演绎对话视频以及课后学生的视频作业整合好，上传到班级共享的网络云盘上，方便学生观看、复习。

（二）翻转课堂与大学英语听力教学相结合的优点

1. 调动学生学习的积极性

在高校英语教学中，翻转课堂已成为备受欢迎的一种全新教学模式。借助网络平台，教师可以广泛地搜索和收集与教学大纲和教材内容相关的各种资源，如 TED 演讲、知名大学的公开课、国外影视剧、英文歌曲、访谈等，将之用于翻转课堂教学。通过这种灵活、自主、有趣的教学方式，教师可以为学生提供教学微视频和其他学习资料，使学生利用自己课下的空闲时间，自主学习，激发学生的学习兴趣和积极性，从而形成良性循环。

2. 更好地积累语言输入数量

根据克拉申语言输入理论，外语学习的关键是确保语言输入的量足够充分。所以，在听力课堂中，必须提供和输入大量的语言知识，使学生处于良好的英语环境，吸收英语知识，从而提升英语听力技能。翻转课堂从根本上颠覆了传统课堂教学模式，借助英语教学网络平台为学生提供了大量多样化的学习资源，保证了语言输入的量，使他们可以多次学习在课堂上未能理解的知识以及拓展学习书本外的知识。

3. 提高学生专业能力和综合素养

如今，我国的社会经济已经进入新的发展阶段，并且经济全球化进程人才加快，社会发展呼唤着现代化、国际化的应用型英语人才，英语课程的目标已不仅是教授学生英语知识、发展学生英语技能，而是将重点放在对能力的发展上，发展学生的自主学习能力、英语应用能力等综合素养。听力课程采用全新的"翻转课堂"教学模式，实现了以教师为中心的单向教学向以学生为主体的双向教学的转变，有力地促进了学生专业能力以及综合素养的共同提高。采用翻转课堂的教学方式可以满足学生的个性化学习需求，使学生获得量身定制的指导和教学。

教师应当仔细研究和探索教学准备、学习资源的整合以及教学任务的合理安排。只有学生和教师都积极参与翻转课堂教学，改进翻转课堂的教学模式，才能够使其得以推广，使其教学效果得以实现。

二、翻转课堂在大学英语口语教学中的应用

（一）大学英语口语翻转课堂模式教学设计

1. 可行性

校园网是翻转课堂教学模式实施的基础，有了校园网，学生就能够借助网络获取丰富的英语学习资源，能够通过自主学习中心进行学习。现如今，大学生基本上都拥有智能手机，同时学校也有电脑自习室，因而学生能够借助这些智能终端登录英语教学网络平台。翻转课堂教学模式将课堂还给了学生，使其开展交互式和探究性学习活动，实现课堂学习环节由教师主导到学生主导的转换，突出了学生的主体性，激发了学生学习的主动性以及练习英语口语的积极性。并且在翻转课堂模式中，教师的知识讲授与学生练习、讨论相互调换。这种学生课下自主学习，课上师生、生生互动的教学模式，有

助于建立新型师生、学生之间的关系,形成轻松愉快的学习环境,帮助学生克服不敢说英语的心理,使他们更加自信,有更强的动力和勇气来说英语。

2. 模式设计

(1) 课前知识输入,创建教学视频

课前,教师结合课堂的教学目标以及教学内容中的重难点制作教学微视频。以《新视野大学英语(视听说教程2)》第三单元 Every Jack has his Jill 为例,此单元主题为爱情,教师可以在视频中引入爱情主题的英语短片,使学生了解和学习与爱情相关的英语词汇和句子,了解西方爱情文化和爱情观念,在课堂上让学生自由结组,讨论短片中的爱情观以及自己的想法,给学生布置课后任务,主题可以是中西方爱情观的差异等。

(2) 课堂吸收内化,探究式自主学习

学生可以根据自己的时间安排,自主学习教学微视频,通过网络搜索资料来学习拓展知识。在课堂环节中,学生可以积极参与探究式课堂活动,展现自己的学习成果,并练习口语表达能力。这种课堂活动能够提高学生练习英语口语的积极,其设计应当重视实用性和应用性。

常见的英语课堂口语练习活动有以下几种:

一是展示和说明。根据本堂课的内容,确定主题,以自由结组的方式,安排学生组内讨论,组织语言表达,相互表达自己的想法,并选择多名学生发言。

二是情景演绎。英语教材中每个单元都有共同的主题,可以组织学生扮演与主题相关的角色,演绎相关情景。如上文所述的西方餐饮文化主题,可以让学生自行分组,几个人扮演用餐的顾客,一个人扮演服务员;爱情主题,可以让一名学生扮演采访者,另外四名同学则分别扮演两组年轻夫妇,这些夫妇来自不同的东西方国家。通过访谈,展示中西方婚姻观的异同。

三是辩论赛。结合社会热点,选择学生感兴趣的话题,由学生自己选择正方或者反方,课后通过网络查找资料并分析,下一堂课上分成小组,每组若干个正、反方进行组内辩论。这有助于学生增长知识,扩展视野,提升思辨能力,并且培养英语思维能力。

四是简短英语演讲。教师选择多个积极向上的、与学生生活贴近的主题，安排学生课下创作演讲稿，课上脱稿演讲，这有助于增加学生自信，提升其口语能力。需注意的是，课堂互动方式有很多种，因此，教师需要结合具体的内容，为每个教学单元精心设计适宜的互动活动。教师需要为学生参与课堂互动提供一定的指导和反馈，例如，纠正发音、语法，指导学生使用地道的词汇和表达方式，为其提供拓展知识，使其了解英语交际习俗、习惯等，避免其出现交际性错误。

（3）正面效应

翻转课堂模式会带来积极的正面效应。首先，课前阶段，学生能够结合自己的学习情况和生活安排，自己选择学习的时间、地点和方法，自己安排学习进度，这能够使学生形成自主学习习惯，提升其自主学习能力和自主管理能力。其次，课堂阶段，除了教师的答疑解惑，以课堂互动活动为主，这有助于教师及时发现、指导学生的学习问题，纠正其错误的学习习惯和错误认知，实现针对性、个性化指导。最后，除了在口语课上，翻转课堂还可以在日常的英语课堂上开展口语教学，在课上设置互动环节，使学生锻炼和展示自己的口语能力，切实提高学生的口语表达能力。

（二）翻转课堂在英语口语教学中的实施步骤

首先是在导入阶段，进行热身活动。这一阶段教师的主要任务是确保学生已经掌握或至少熟悉英语的语言要点和主题的基本概念。在这段时间里，教师需要在教室里巡视，在必要的时候给予学生指导，并检查学生在完成预习任务方面的表现。

其次是展示阶段，这一阶段的中心任务不是围绕语言要点进行文本分析或文本组织，而是围绕如何通过英语表达学生的观点和意见。这一阶段的翻转课堂不是通过教师的指导来完成的，而是通过学生在教师的帮助和指导下的探索与合作来完成的。展示阶段是翻转课堂较激烈的部分。翻转课堂的一个重要特点是教师和学生大部分时间都在表现阶段。在展示阶段，教师应创造更多的机会使用英语，以提高学生的语言表达能力。在刚开始时，教师可要求学生交流他们为小组成员所做的准备，并在必要时进行一些修改。在讨论的基础上，每组选出一名代表，向全班作报告，或者进行对话、辩论。

最后是评估阶段。教师的正面评价是在批评和表演之后。同时，对话、讨论和辩论中存在的问题由教师进行纠正。评估的作用不仅是考查学生的表现，还是一种为学生提供反馈的方式，以便重新评估他们的学习方法或激励他们取得更好的成绩。在这种情况下，教师可以花更多的时间和精力来进行一对一的辅导，从而帮助学生获得更好的学习效果。

三、翻转课堂在大学英语阅读教学中的应用

在英语教学中，阅读教学占据着至关重要的地位，其原因在于，语言作为一种交际工具，其功能就是表达、传递和接收信息，而阅读就是一种获取信息的手段，不仅关系着个人的语言水平，还涉及交际能力。大学英语阅读教学不仅可以促进学生听、说、读、写、译等多方面语言能力的发展，还有助于提升英语教学整体质量。听、说、读、写、译技能的培养是相辅相成的，如果学生阅读能力不佳，那么其他技能也就难以发展。在各种层级和种类的英语水平测试中，阅读的分数占比普遍较高。

因此，英语教学需要重视培养阅读能力，并将其置于核心地位。翻转课堂重构了传统课堂"先教后学"的教学模式，为"先学后教"的教学模式提供了一种可能。在实践翻转课堂教学模式时，为了提升学生的自主学习能力，教师需要深入了解翻转课堂的核心概念，并巧妙地设计多种情境，唤醒学生的学习兴趣，激发其积极性，促进其内化知识，提升其学习效率。

通过翻转课堂模式，英语阅读教学得到了很大程度的改良。教师在翻转课堂阅读教学中，要求和引导学生细致阅读，并且深入剖析文本，以使学生理解和共情。通过精读和深读，培养学生的阅读自觉，帮助他们建立良好的阅读习惯，包括课前速读、课上精读、课后分析，并形成自己的独立见解。然而，每种教学模式都有优点和缺点，在运用翻转课堂教学方法时，教师应该抓住优点，避免缺点，以此来有效地提升学生的英语阅读能力。除此以外，使用翻转课堂模式教授大学英语阅读还需关注激发学生参与课堂活动的热情，

应采用有趣的教学形式来提高学生的阅读兴趣，兼顾课内教学任务和课外阅读。

1.翻转课堂与英语阅读教学结合

翻转课堂与英语阅读教学相互结合优势多多，简要介绍以下几点：

（1）提高学生的阅读兴趣

在英语阅读的翻转课堂教学中，教师可以在课前录制多样化、趣味性的教学微视频供学生自主预习。这些教学微视频时长短，内容丰富多彩，能够调动学生的学习兴趣，并且营造出轻松愉快的学习氛围，养成学生的英语阅读兴趣和习惯。在这种自主学习过程中，学生不是被动的任务完成者，而是可以搜索、选择自己喜欢的阅读材料的积极探索者。

（2）发展学生的语言能力

翻转课堂提高了学生的阅读兴趣，也进一步提升了学生的英语阅读量。阅读量的增加有助于学生逐渐形成速读的能力以及提升英语阅读的技能。此外，阅读还能够促进学生语言综合能力的发展。

（3）实现学生个性化学习

在英语阅读翻转课堂教学中，学生能够根据个人学习进度，自由地选择学习时间、地点，自主观看英语阅读教学视频，还可以反复观看自己不理解的部分。此外，这种学习方式也更加符合学生的个性化学习需求和习惯，能够在课堂上专门解决学生具体的疑问。

（4）培养注重创新合作的能力

如今，网络信息技术不断发展，社会在对英语人才的需求量增加的同时，要求也日益提高，除了专业的从业技能，还要求其具备高水平的职业素养和创新素质、合作能力。英语阅读所培养和发展的就是这方面的能力。在传统教学方式中，教师从教学内容出发安排教学过程，讲解，出题，指导学生进行阅读训练。但是，在翻转课堂中，强调以学生为中心。学生能够自行安排学习过程，通过自主阅读发现自己的知识盲点和薄弱点，并独立、主动思考如何解决问题，自主探索解决问题的思路和方法。这个过程就是学生自主意识培养的过程。翻转课堂提供了交流和探讨的平台，可以让学生先进带动后进，相互指导，相互讨论，在合作讨论中增进情感，培养合作与创新意识。

2. 基于翻转课堂模式的英语阅读教学设计

基于翻转课堂模式的英语阅读教学设计主要有以下几个部分：

（1）课前教学设计

教师在进行课前教学设计时需着重注意两个方面。第一，教师应该选择符合学生发展的英语阅读文章。当学生觉得课本中的阅读文章较枯燥、无法进行深入性的学习探究时，需要教师提供与社会热点相关的阅读材料，激发学生的学习热情。在挑选文章篇幅的过程中，尽量选择中篇的英语阅读材料，避免篇幅过长影响后续的课堂教学活动。第二，教师需要针对选择的阅读材料进行教学视频制作，并为不同的教学内容安排不同的视频教学时长。根据翻转课堂对视频教学的需求，视频长度一般以 10 分钟左右为佳。视频内容包含文章阅读的要求以及重难点，文章阅读办法以及应用技巧，生词的语法解析和短语讲解，长难句的语意分析，文章段落结构分布解析，文章中心主旨和文体对比。学生通过课前观看教师制作的短视频，能够获取一定的基础知识，从而便于教师课中的深入探析。

学生对教师分发的资料进行阅读后，需要对照教师制作的短视频，在理解的基础上建立个人知识体系，并对学习中存在的问题进行整理和分析。对于那些难以理解的内容，学生可以借助在线学习平台或微信等及时与同学、教师沟通交流，也可以课堂上找机会向教师请教。通常情况下，多数学生能够在课前阶段完成教师所安排的学习任务。

（2）课中教学设计

对英语文章进行层次分析是掌握文章主旨的必要手段，主要分为字面层次和语意层次。课前的文章阅读以及短视频观看帮助学生对英语文章的字面层次进行了认知。通过短视频中的反复强调，对文章中的单词、语句等信息形成基础印象，从而为后续进一步的语意层次辨析做准备。英语阅读训练的根本目的是帮助学生提高英语综合应用能力，能够对英语学习中收集到的学习资源进行自主研究。

翻转课堂的课中教学帮助学生提升自身的英语综合素养，用以完成英语文章的语意层次探析。具体的教学设计步骤如下：首先，组织学生复习英语词汇基础知识，通过集体朗读、小组合作探究等教学方法帮助学生回忆短视频内容，便于为接下来的语意层次研究以及阅读技巧提高夯实基础。其次，组织学生通读文章。通读的根本目的在于培养学生的独立思考能力，使其在建立语意层次学习思维之初，对文章中的主要人物以及情节发展进行充分的了解，并找出其中的内在联系。具体的通读方式有两种。一种是教师示范，即在带领学生读完其中一个片段后，让学生自行对主题进行体会，与学习伙伴合作互助，梳理文章脉络。另一种是在学生集体通读文章后，进行新旧知识糅合，做到举一反三，鼓励学生联系实际生活对文章内容进行剖析，解释说明情节发展的原因。最后，教师应对学生陈述、分析的文章内容进行综合评价，对学生思考问题的思路加以校正，为学生提供正确的解析思维。同时，学生也可以和其他小组互相交流，对组内得出的结果进行自我评价。以上教学活动都需要在线下课堂中进行，面对面地进行实时沟通与交流，除了能够为学生树立榜样，还能够更有效地协助学生解决学习问题。

（3）课后的总结与巩固

教师：课后应及时总结和梳理学生课上提出的问题，形成一定的文本或者知识体系、知识表格等，并上传到网络学习平台，供学生复习；布置课后作业，并指出作业中的问题，给予指导。

学生：按照教师的意见，复习课堂所学知识，或者学习拓展内容，并反思学习过程，纠正自己的学习习惯和方法，提高英语阅读能力。

四、翻转课堂在大学英语写作教学中的应用

写作是对语言综合运用的一种表现方式，写作水平可以反映一个人的文化素养以及道德修养。写作是大学英语考试试卷中较常出现问题的板块，相比试卷中的其他题型，学生在写作板块中暴露出的问题较多。由于学生写作水平受到多种因素的影响，因此想要从根本上提高学生的写作水平并非一件易事，在教学实践中，需要遵循循序渐进的原则，从扎实语言基础到深化语言应用，绝非一日之功。知识需要不断积累，能力需要反复训练，只有在深

厚牢固的知识基础上才能够自如写作，只有在反复的写作练习之后才能发展写作技能，切实提升写作水平。

想要真正对英语这门应用型语言产生深层次认知，就不能仅将考试的分数作为评判的标准。在掌握英语知识内容的基础上，对其他综合技能进行拓展是提高认知的根本途径。翻转课堂这一教学模式的提出为培养英语应用型人才提供了新的教学思路，更加适应我国教育行业当前的发展，是营造课堂学习氛围强有力的外在条件。在大学英语写作课堂中加入翻转课堂的教育教学理念，有利于学生提升自主写作能力，是教学革新的一项重大突破。教师与学生高效化、个性化的沟通交流，有利于建立良好的师生关系。英语写作是高校英语应用化进程中的重要研究方向，在翻转课堂的教学实践中，要不断优化教学方法，最终实现高校英语写作教学水平的提高。

（一）翻转课堂与英语写作教学结合

翻转课堂与英语写作教学进行糅合应用是必然趋势，在大学英语课堂中，实践翻转式教学模式无论是信息化的教学资源还是师资力量，均已达到"翻转"的硬件要求。第一，科学技术的发展为学生提供了大量可供选择的智能学习终端，激发了学生自主学习的兴趣。第二，高校校园共享网络的开通帮助学生脱离空间和时间的限制，随时随地获取英语写作学习资源。第三，专业英语写作学习软件在市面上大量涌现，如"火龙果写作"等。教师可以在写作学习软件中，按时为学生布置写作任务，并依据学生的完成实效作为平时成绩判定的标准，将学生的作文批改环节进行优化，通过线上留言的方式与学生进行一对一的写作辅导，实时的互动交流极大地提高了英语写作的教学效率。第四，在应用写作学习软件的基础上，教师可自行搭建线上交流平台，如借助钉钉、微博等社交媒体软件创建教学账号，及时上传最新的教辅资料。

（二）翻转课堂的英语写作教学要求

大学英语写作翻转课堂的教学要求主要有以下几个方面：

1. 写作教材选择要符合教学实际

写作教材的选择要符合学生的实际需求，教材中所列举的案例应与学生的生活环境具有联系性，最好选择贴近自身能力的教辅资料，更加顺应学生的学习思维。教材需要囊括写作技巧学习、写作文体学习等方面的内容，为学生提供自学空间，与教学过程中所空缺的内容进行衔接。

2. 关注教学设计的实用性

英语写作的教学内容不应是空洞的，需摒弃"为了学习而学习"这一思想观念，要从教学结果是否具有实用性的角度进行探析。综上所述，具体从四个方面为英语写作的教学设计提供新思路。首先，创新设计英语教学的组织形式。将传统的课堂教学转变为机房教学，通过应用互联网技术组织学生进行作文的线上撰写。其优势为学生可利用 Web 对未曾涉及的知识进行搜索，及时扩充知识量；面对面的作文撰写可以将学生写作过程中遇到的问题进行反馈；教师可通过大数据的汇总为学生提供针对性的辅导。其次，教学方法可采取任务型教学法。教师在教学之初将问题抛出，利用闯关的形式以及循序渐进的方法，帮助学生逐步搭建英语写作技巧应用体系。再次，借用学校教学管理平台进行写作辅助教学设计。教师在平台中上传写作教学大纲以及写作教学资料，学生通过课前对其的基础认知，在教学过程中带着问题和目的对知识进行汲取。教师在课后根据学生在课堂中的表现，设置指向性的在线测试，达到巩固写作技能的教学目的。最后，写作教学内容需要与《大学生英语教学大纲》中的应用文写作方向相符，可以从个人简历、生活便条等贴近生活的方面入手，结合实际生活帮助学生提升英语写作水平的实用性。

3. 教学过程强调学生的主体性地位

教师在教学过程中应始终将学生的学习需求作为教学设计的参照，具体流程如下：首先，在实际的英语写作练习前，教师除了强调写作技巧，还应将涉及的知识点进行简要描述，帮助学生养成良好的英语写作思维习惯。其次，在学生自主写作的过程中，为学生提供辅助学习工具。再次，学生完成英语写作后产生共有的写作问题，需要教师进行及时的矫正。可以在此过程中采用小组互帮互助的形式，鼓励英语基础较好的学生带头解决简单问题，调动学生学习的积极性。最后，教师对学生上传至学校教学管理平台的作文进行审阅，挑出逻辑性强、文体架构好的作文作为范文，以供学生进行学习。

4.教学评估强调实践性、过程性

英语写作课程属于语言输出类课程，是对学生的英语知识水平和英语应用能力的集中检验，尤其现场作文能够直接、高效地体现出检验结果。因此，大学英语写作课程十分重视现场作文，这也是英语阶段性测试的重要部分。

（三）翻转课堂的英语写作案例分析

英语写作翻转课堂有许多成功案例，下面以"南昌大学英语写作翻转课堂"为例进行简单介绍。南昌大学的英语教师根据翻转课堂的基本特征及其他相关研究成果，将英语写作翻转课堂分为课前知识传递、课上互动交流和课后成果展示三个阶段。

1.课前知识传递

以《新视野大学英语（读写教程）》为写作教学蓝本，可以使写作教学与阅读教学紧密结合。阅读是写作的基础和源泉，阅读可提供写作所需的思路。阅读是语言输入的重要途径，能使学生从所读文章中获得有价值的词语、惯用语、句型和语篇模式，使学生在提高阅读理解能力的同时，学习和掌握写作技能，从而夯实写作基础。写作与阅读教学紧密结合不但不会挤压原来的精读课时或者对教师和学生增加额外负担，反而加强和巩固了对阅读内容的理解和记忆。教师对动机策略的运用被看作是调动学生学习英语的一个重要因素，并将最终影响学生的投入程度和学习成效。大学英语教师动机策略的使用能促进学生课堂学习的投入程度，调整学生的学习动机。在写作教学的课前知识传递阶段，教师要阐明学习目标。此外，阅读材料文本结构的理解对训练学生写出逻辑性强、符合英语思维习惯的文章大有裨益。因此，要让学生明确写作和阅读课不同，他们需要把握的是阅读材料的谋篇布局、写作技巧及其相关语言知识。

在英语写作方面，学生所期望的不仅是通过相关测试，还希望自己能够自如地运用英语来交流和交际。因此，知识传递不仅应适应测试需求，还要与现实生活的交际需求相结合。教师应当适时测试，评估学生在课前的学习成果，督促学生进行自主学习。

2. 课上互动交流

教师在课上会结合教学目标，制定写作任务，鼓励学生积极参与互动交流。这些写作任务紧密结合于教材内容，能够确保学生有内容可供写作。就拿《新视野大学英语（读写教程）》第一册第一单元来说，这一单元的主题为学习英语。写作教学的目标是"因果关系"写作方法的运用，写作教学的内容包括写作技巧、写作方法及与之相关的词汇、句型。因此，写作任务的设计不仅要围绕写作技巧、写作方法，还要充分考虑之前传递的内容和语言知识的运用。课堂互动交流是翻转课堂的重心。布卢姆认为：在学生面临学习困难时给予其帮助，有助于学生对所学知识的掌握。"提供帮助，让学生顺利完成活动任务"这一动机策略的运用能有效降低学生的课堂焦虑感，增强其顺利完成活动任务的信心。[1]

在英语写作翻转课堂教学中，课上时间更加自由，教师能够在课上与更多学生交流，查看其作文，并给出针对性的指导。一些研究结果显示，对于作文的评价和交流如果以内容为中心，就能够全面提高学生的写作水平，尤其是在写作表达的流畅程度上。所以，教师和学生在课堂上的交流，应侧重于内容、结构和语言的逻辑性，以有效发展学生写作技能。教师通过与学生的沟通，能够进一步了解学生个体的长处和短处，从而有针对性、个性化地予以指导，有效开发每个学生的潜力和天赋。通过这种个性化的实时反馈，学生的写作水平能够得到真正的提升和进步。

一旦确定写作任务，学生可以自由结组，深入讨论作文的结构、内容和写作技巧等方面。在写作中，学生能够借鉴小组其他成员作文中的优秀之处。同学互助也可以促进知识的建构，帮助学生更好地内化所学知识。

3. 课后成果展示

课后成果展示具有以下两个根本性作用：一是对优秀的教学作品进行展

---

[1] 王继红，邹玉梅，李桂莲. 基于翻转课堂理论的英语教学改革与实践[M]. 北京：中国原子能出版社，2019.

示的方法，二是鼓励全体师生对教学成果进行综合性评价的手段。在翻转课堂的教学模式下，对教学成果的评价应是多角度、全方位的。除了传统意义上的教师评价，还应该重视学生的"声音"。学生是学习过程中的主体，对学习过程中存在的问题能够进行客观性评价。在综合教师与学生的评价结果后，可为教师的教学设计提供新思路。

在我国部分高校中，已有英语教师通过应用网络智能纠察系统对学生的英语作文进行批阅。网络智能纠察系统可对学生的词汇、语法等应用错误进行指出和修正，通过学生的修改次数和修改质量进行综合评分。教师可对系统汇总的语法、语句问题进行针对性的课堂教学指导，并在此基础上强调写作的脉络结构以及内容逻辑连接的要点，全方位提高学生的写作水平。网络智能纠察系统的使用帮助教师提高了英语作文的批阅效率，在一定程度上减轻了批阅负担。在英语写作教学课后成果展示的过程中，教师的综合评价在帮助学生搭建知识体系的同时可树立写作自信，其主要方式是通过与未改进的作品进行对比，培养学生的写作自信心。

总之，翻转式写作教学模式仍在探索之中，它对教师和学生都提出了更高的要求。

五、翻转课堂在大学英语翻译教学中的应用

翻转课堂的教学模式与翻译的特性相契合，在一定程度上可以解决英语翻译教学面临的困境。在实践过程中，教师和学生实现了角色转变，教师主要致力于为学生提供优质的学习资源和营造良好的学习氛围，成为翻译学习的组织者、促进者和指导者，使学生成为学习的主人。

努力提高学生的翻译能力，争取培养一批专业知识扎实、实际操作能力突出的高层次人才。

（一）英语翻译教学的必要性

1. 时代的需求

自我国于 2001 年正式加入世界贸易组织（WTO）以来，带动了政治、经

济、文化等多个领域的对外交流,与外界的合作成为日常刚需。在经济全球化、社会信息化的背景下,越来越多的外国人踏入我国国门寻求合作机会。英语在日常生活中的应用已越来越广泛,社会对大学生的英语实践操作能力的要求也越来越高,特别是能够进行英语交流以及工作开展的复合型人才是外企所重视的。

2.培养翻译人才的重要性

高校作为当代人才培养的主要基地,应紧随时代发展潮流,不断扩充英语翻译人才队伍,并将翻译人才的培养放宽至各个专业,不局限于英语专业。

针对这种市场需求,应该面向全国高校展开翻译教学工作,特别是理工类学校,需要肩负起培养翻译人才的重任,例如,可以为科技类或理工类大学爱好翻译的学生开设翻译选修课程。

(二)翻转课堂在英语翻译教学中的实践

翻转课堂理论的最大优势就在于体现学生的主体地位,这不仅符合教学改革的方向,同时也是英语翻译教学的必然要求。通过在这一教学过程中实施翻转课堂理论,能够完善翻转课堂教学思路,丰富教学内容,完善教学体系,对高等教育和人才培养工作的推动发挥了重大作用。由于翻译的实践性较强,因此要求学生必须经过长期的实践,并反复反思,总结经验,这样才能具备胜任翻译活动的能力。翻转课堂的核心功能就是通过学生的自主学习更新认知结构,提高社会实践能力。

1.英语翻译教学中应用翻转课堂理论的作用分析

首先,大学英语翻译教学体系正在不断完善,如今这一体系已经能够实现学生的自主学习、测验,同时完成与学生和教师之间的友好沟通,达到了完善教学理论、提升学生学习积极性和主动性的目标。其次,翻转课堂教学理论是一种全新的教学理论,将其与英语翻译教学相结合,是对教学活动的一次创新,更是对教学改革的大胆尝试。随着教学要求的不断提升,如何激发学生的积极性和实践主动性,成为教学的焦点与核心,通过实施翻转课堂教学理论,能够将课堂教学的核心由教师"交给"学生。最后,将该理论融入课堂教学,能有效地推动英语翻译教学活动的开展,同时,还可以通过经验分享和模式剖析，为其他学科教学活动的有效开展提供重要支持。

（1）实施翻转课堂具有较强的现实意义

翻转课堂颠覆了传统的教学顺序，利用网络信息技术使课程教学突破了时空限制，学生可以在课前自主学习知识，课上进行探究活动。在课前环节，学生能够自主学习教师提供的 PPT 课件或者教学微视频，并针对个人疑问和错题反复观看相关视频内容，可以罗列自己的疑问以便于课上提问，或者借助微信、腾讯 QQ、学习平台等向同学和教师咨询。教师可以根据学生在学习平台的错题、交流以及提问情况，归纳课上要讲解的重点知识，有针对性地备课。除了讲解重难点和解决学生疑问，教师还可以在课上组织互动活动，比如，知识分享和小组讨论。这样不仅促进了师生、生生交流，也能够激发学生的积极性，使其充分参与教学过程，进而提升英语教学效果。

（2）翻转课堂符合英语翻译教学的特点

因为英语翻译课程的实践性较强，所以学生需要在实践中积累经验、纠正错误，逐渐掌握翻译技能，发展翻译能力。翻转课堂让教学从课上延伸至课下，拓展了教学的时间和空间，更符合英语翻译教学的要求。现今的翻译教学注重的是教会学生实用的翻译技能以及使学生掌握不同情境下的翻译方案。通过翻转课堂，教师的课堂教学能够释放课堂时间，开展丰富多彩的英语翻译活动，为学生创造丰富的翻译实践机会，旨在稳步提高其翻译技能，发展其翻译能力。所以，翻转课堂的教学模式能够较好地契合英语翻译教学的特点。

2.英语翻译翻转课堂教学模式设计

（1）课程开发

在英语翻译翻转课堂的教学模式探究过程中，需要教师对课程进行开发，并重点研究如何配合翻转课堂进行教学。教师在对翻译课程进行开发时，需要考虑课程所面向学生群体的翻译技能储备水平以及接收新知识的能力。在对学生素质进行综合把握的基础上，选择难易程度适宜的学习资料，采用"先句后段"的翻译方式进行循序渐进的翻译教学。为配合翻转课堂的教学模式，教师可以通过计算机等网络通信技术制作短视频，协助学生对翻译内容进行了解。

（2）学习先行

在前期课程研发的基础上，教师需要在教学活动进行前组织学生观看课前预习短视频，这样可以极大地节省课堂中的讲解时间。学生在课前掌握基础的翻译技能以及段落理解能力后，可以将翻译学习中遇到的问题进行汇总，在课堂教学中与教师进行面对面的交流，真正将翻译基础知识掌握牢固。在翻转课堂中，信息技术的加持拓展了学生解决问题的途径，线上实效性更强的学术探讨路径提高了解决问题的效率，如钉钉、微信等客户终端。

（3）课堂内化

翻转课堂教学模式将学习先行纳入课堂教学活动，师生共同面对崭新的知识，通过师生交流、生生交流、师生协作的活动形式，重点解决学生在自主学习过程中遇到的疑难问题，并通过教师的引导强化翻译知识，使其条理化、系统化，帮助学生形成新的知识结构，然后引导学生将翻译知识转化为实践能力。

（4）评价反馈

通过课后的教学成果评价反馈，可以对学生在课堂中吸收的翻译知识进行有效评测。教师可通过课堂中的段落翻译任务对教学成果进行初步的检测，主要从翻译技巧以及翻译方向进行测验，在此基础上逐步增加翻译难度，最终延伸至短文翻译，以综合应用的角度检验课程开发、学习先行、课堂内化的教学成果。

（5）研讨总结

研讨总结主要是指总结成功经验，发现其中存在的不足，并找到应对策略。研讨总结不能由任课教师一人完成，应在其他任课教师和学生的共同参与下完成。教师除了总结、反省自己的整个教学过程，还应吸收其他教师和学生的反馈信息，这样才能全方位对翻译的翻转课堂进行把握，形成全面、科学、有效的教学模式，有针对性地优化整个教学方案，提升下一节的教学效果。

在上面的五个步骤中，翻译课程的开发需要教师在了解学生整体水平的基础上独立完成，课前自主学习需要学生在教师提供的段落翻译资源的基础上独立完成，剩余的三个步骤则都需要教师和学生的密切配合才能完成。在整个教学过程中，学生占主导地位，教师则起辅助引导作用，这不仅有助于提高学生的翻译实践能力，还有助于发展教师的翻译教学能力。

3.英语翻译翻转课堂案例

英语翻译翻转课堂有很多成功的案例，下面以"英语翻译课程翻转课堂"案例为代表进行分析。

（1）翻译教学课前设计

①翻译短视频制作

英语教师在翻译课程开始之前要完成短视频的制作，主要通过以下两个途径进行制作：一是在充分调查本班学生学习情况后，根据教学内容进行制作，重点突出教学视频的教学目的以及教学难点；二是在互联网上搜集制作好的教学视频，并在此基础上对视频进行二次加工，取其精华，去其糟粕。

②学生观看视频

学生对教师制作并上传至网络的短视频进行观摩学习，在教师规定的期限内看完，这种翻转课堂的学习模式能够帮助学生摆脱时空的限制。学生在预习翻译技巧以及课程内容的同时，可在线上提出问题，教师也可以对学生提出的问题进行线上解答。

③课前章节测验

学生在观看翻译教学视频后，需要完成教师上传至课后的章节测验，在完成章节测验的过程中会出现疑难问题，学生可将存有疑惑的知识点通过对视频的重复观看进行内化吸收，如若问题未能得到解决，可以和学习伙伴互助交流，也可以在线上和教师进行沟通或在课堂中直接提问。

（2）翻译教学课堂设计

在实际的课堂教学中应遵循建构主义学习理论，体现学生的主体地位。在调动学生学习主动性的同时，将知识进行内化。

①问题汇总

在翻转课堂中借助科学技术，帮助教师和学生在问题沟通方面提高效率，将问题的解决方式进行优化，避免浪费不必要的时间。教师通过线上与学生的沟通交流，将问题进行汇总，以便在课堂中针对问题进行教学设计，将问题进行集中解决，帮助学生加深对知识的理解。

②解决问题

在翻转课堂中的问题解决环节，教师可以将汇总的问题进行列举，学生在进行小组互助时可以选取能够解决的问题进行自主探索。这样可以在调动学生学习积极性的同时，培养学生独立思考问题的能力，搭建起综合性英语翻译知识体系，将传统的问题解决方式转变为合作探究。

（3）课堂探究

教师在组织学生进行翻译教学活动的过程中，可以将学生平均分为几个学习小组，将每组人数保持在3～5人。通过组内合作探究的方式，对课堂中列举的翻译问题进行探析，在最终与教师进行解惑的环节，推选出一名组长代表成员进行发言。教师需要在小组成员进行问题讨论的过程中起到引导作用，监督组内成员是否全员参与问题讨论。此种课堂探究模式更容易受到学生的青睐，学生的学习兴趣在面对面进行互动交流的教学方式中被激发。教师在此过程中，需要充分发挥其作为引导者的作用，在学生讨论翻译技巧的过程中进行巡视，把控学生的探索方向，同时，教师在倾听学生思路的过程中也可受到启发，有利于提升自身的认知水平。在组织小组讨论的课堂探究过程中极易出现以下两个问题。第一，教师对学生讨论时长难以控制。教师规定的时长在10～15分钟，但学生的思维发散性较强，容易超出规定的时间，耽误整节课的教学计划。第二，在课堂中进行成果展示时，容易因个人表述的原因，影响下一组学生的成果展示。

综上所述，在进行英语翻译课堂探究的过程中，需要着重注意以下两点：第一，对小组探讨的时长要严格把控，根据制订的教学计划进行教学；第二，学生的思维发散性要求教师建立个人的翻译能力认知体系。在课前的线上预习环节，通过教师为学生答疑解惑，将学生提出的问题进行汇总，针对问题进行个人的知识拓展。在制订教学计划的过程中，预测学生会出现的问题，并标记，方便在课堂中与学生进行面对面的交流，提出指向性的建议。

①成果展示

教师可以根据不同的学习主题设计不同的学习成果展示形式，如答辩会、辩论会、作品交流会等。教师通过与学生交流学习心得，帮助学生和自身获得知识启发。

②教学评价与反馈

英语翻转课堂中的教学结果评价与反馈环节，"翻转"了以往由教师一人进行评估的模式，带动学生、教授和专家搭建多维度的评估体系，在体现评估结果的表达方式上也呈现了多元化的趋势，如自我评价、教师评价和学生互评等。教师通过课堂评价环节可以对本节课的教学效果进行反思，帮助自身制订符合教学需求的教学计划。

（4）重视课后总结与反思

翻转课堂的教学模式将教学重心放在了课前以及课中，即便如此，不论是教师还是学生，在课后对自身的课堂表现及时总结，也是提高自我认知水平的关键一步。翻转课堂巧妙地运用了现代技术，为师生的课后总结与共享提供了便利。教师和学生将个人对英语翻译课堂中收获的技能与知识进行总结后，上传至网络终端，以便于师生相互交流，同时，这对于因故未及时参与课堂教学的学生而言，也是十分便利的。

第三节 多媒体技术在大学英语教学中的应用

一、多媒体英语教学的特点与原则

（一）多媒体英语教学的特点

1. 资源的共享性

多媒体技术下所有的信息资源都可以实现数字化，意味着它们大多可以共享。如今我国很多大学英语教材大多有相配套的电子教案以供需要的人下载使用，这就大大减轻了教师的负担。资源共享一方面有利于教师学习他人的经验,另一方面也使教师从繁重并具有重复性的教学活动中解放出来,使他们可以有更多的时间来探索教学,同时也能把更多时间放在学生身上,帮助他们解决学习上的困难。

2.信息处理的集成性

多媒体教学将语言信息通过多通道统一组织和存储为一个统一的整体,所以,各种信息不再是相互分离、单独进行加工和处理的单一个体。通过多媒体技术,文字、图形、音频、视频等多种媒体信息都能集中在一起呈现出来。如此一来,学生能从眼、耳、口等多种渠道接收信息并送入大脑,然后通过大脑的综合分析与判断来获得全面而准确的信息。这种集成性使人们能够更加轻松地处理信息,有助于增加英语教学的生动性,提高学生的综合语言技能。

3.信息媒体的多样性

人类对信息的接受与反应依赖听觉、视觉、嗅觉、触觉和味觉五种感觉。其中,人类从外部获取的10%的信息是通过听觉获取的,人类通过视觉获取的信息为70%~80%,可见人类接受信息的主要途径是视觉。而人类从外部获取的10%左右的信息是通过嗅觉、触觉和味觉共同获取的。[①]多媒体技术下的信息呈现能够从各个方面刺激学生的各种感官,这就有助于学生全身心地感受知识、理解知识,从而更正确地使用知识。另外,信息媒体的多样性也有助于提高学生的学习效率。学习的一个重要环节就是及时强化所学知识,而由于计算机处理器具有强大的功能,多媒体教学软件能够在短时间内调动有利于英语学习的信息,也能为教师与学生提供及时的反馈。针对反馈,师生可以逐渐调整教学策略或学习策略,从而强化学生对英语知识的记忆。

4.学习过程的互动性

多媒体教学在学习过程中具有互动性的特点。互动性是指将人的活动当作一种媒体纳入信息传播过程中,让信息的发出者和接收者都可以参与其中,参与各方都可控制、编辑和传递信息的这种特性。互动性有助于在获取和使用信息时充分发挥学生的主观能动性,增加对信息的理解。

[①] 钱满秋.现阶段大学英语教学改革研究[M].北京:北京理工大学出版社,2017.

多媒体教学环境下，教师可以人为地改变语言学习的顺序，随机变换操练句型，从而更好地做到因材施教；学生也可以主动检索、查询感兴趣的知识或还未掌握的知识。

（二）多媒体英语教学的原则

1. 以学生为中心原则

以学生为中心原则强调了学生在学习中的主体地位。英语学习需要大量的实践，而实践的主体又是学生，因此，在英语多媒体教学中，无论采用何种教学手段，都应坚持以学生为中心，为他们的学习活动提供环境支持。在多媒体英语教学中，教师应让学生充分地参与到英语学习活动中来，让学生构建自主学习的意识，根据自身的兴趣特点，自我安排学习进度，自主地选择学习内容。学习遇到困难时，学生可以通过教师、同学，甚至是计算机来解决问题。

例如，通过电子邮件等方式向教师寻求帮助和解答，或为班级建立论坛、腾讯QQ群发布帖子与其他同学进行讨论。在此过程中，学生一边积极参与，一边积极思考，增强了自主学习能力，整个英语教学也就实现了由"以教师为中心"到"以学生为中心"的转变。

2. 情感与合作学习原则

情感因素（包括态度、动机、兴趣、注意力等）是影响学习质量的一个重要方面。积极的情感因素能促进英语的学习，而消极的情感因素则会制约英语的学习。多媒体英语教学具有生动、丰富等特点，这非常有利于激发学生的学习动机以及激发学生的英语学习兴趣。同时，多媒体英语教学为我们提供了一种全新的教学方式，使教学内容更容易被接受和理解。

需要指出的是，对于多媒体和网络的使用必须恰当，如果教师过于依赖多媒体，长期下去，会给师生之间的交流造成一定的障碍，学生也会逐步地丧失对英语学习的兴趣。

3. 情境与交际性原则

语言的学习与社会文化背景有着紧密的联系，这些社会文化表现在各种各样的情境中。真实的情境对学生的联想思维能够起到一定的促进作用，能够让学生根据原有的知识经验,来分析并探讨当前的最新知识,这样就在新旧知识之间建立了一定的联系,同时也在旧知识的基础上,对新知识赋予了新的深层含义。英语教学的目标就是提高学生的英语综合运用能力。要实现这一点,学生就必须在真实和半真实的语境中,不断运用所学知识,锻炼听、说、读、写、译五种技能。

目前,多媒体技术已经渗透到了外语教学的各个领域,并以其技术优势为外语教学创设虚拟真实的语言情境,支持英语交际活动。其中,不可避免地会涉及英语文化知识,这就需要培养学生的跨文化意识。以网络为依托的英语多媒体教学应充分发挥其特有的优势,在真实或虚拟的语言情境中不断地培养学生的跨文化意识,从而提高学生的跨文化交际能力。

二、多媒体大学英语教学模式的构建

(一)多媒体大学英语教学的优势

1. 能够实现以学生为中心

多媒体教学能够给学生提供一个真实的英语教学环境,学生能够在这个真实的语言环境中自主地发挥主观能动性,自主地安排学习内容以及自我把握学习进度,学生不再被动地接受知识,而是主动、积极地进行英语学习。可以说,多媒体教学真正地实现了以学生为中心的教学准则,可以有效提高学生的综合英语能力。

2. 能够激发学生兴趣

大学英语的多媒体教学将文本、图形、音频、视频等多种媒体整合到英语教学中,使英语学习内容充满了动态色彩,有利于充分地激发学生的英语学习兴趣。

另外,学生在英语多媒体教学中,通过音频、视频的交互教学,可以有效培养和提高语感能力。

3. 能够打破时空限制

大学英语多媒体教学打破了时空的限制,学生除了在课堂上进行英语学习，在其他任何地方或任何时间都可自由地学习教师的多媒体软件，对课堂中不懂的知识点也可重新学习。在多媒体软件中，教师还能给学生共享多方面的学习资料，真正地实现学生在世界的各个角落都可随时完成学习任务。这一学习过程也有利于培养和提高学生分析信息、解决信息的综合能力。

4.能够优化课堂环境

在大学英语多媒体教学中，无论学生位于教室的哪个位置，都能够清楚地听见教师的教学内容。这是因为多媒体教学融音频、视频于一体，在教学中，尤其是在大班教学中，能够有力地优化课堂环境。

（二）多媒体大学英语教学的模式

1.集体教学模式

集体教学模式与传统的教学模式类似，主要是依托多媒体技术，教师提前备好教学资料，利用多媒体将教学资料以文本、图像、音频、视频的方式呈现在学生面前的教学模式。

集体教学模式通常以教师的讲解、演示为主，在固定的空间范围内对一定数量的学生开展教学。集体教学模式主要以教师为主，多媒体软件仅起到辅助的作用。

另外，为了充分地调动学生的学习兴趣，在使用集体教学模式时，教师还可以利用单个多媒体资料，如幻灯片、音频、视频等，以影像或电影的方式呈现英语教学内容。这种教学方式不是以教师的讲解为主，而是以影片对学生的启发为主，比单纯的知识讲解更有深度，同时还节省了一定的师资力量，并提高了教学效率，有利于实现良好的教学效果。

2.个别化教学模式

个别化教学模式是指针对不同的学生所进行的具体教学。在大学英语教学中，教师要以学生为中心，针对不同学生的学习特点、兴趣以及学习进度，设定不同的教学目标，安排不同的教学内容。只有这样才能确保每一个学生个体都能够得到全面的发展。

使用个别化教学模式进行教学时，教师主要是根据学生的具体需要给学生制定自主学习方案、共享学生学习资料以及针对学生在学习过程中遇到的问题进行及时的指导和纠正，并对学生的学习进度进行适当的监督。例如，在个别化教学模式的指导下，学生可以自主地选择适合自己学习水平的英语教材进行学习。学生也可自主地利用网络图书馆查询与英语相关的学习资料，可使用 E-mail 给教师提交作业，并对自己遇到的问题进行咨询等。

3.支架式教学模式

支架式教学模式认为，知识的学习不是从教师那里获取的，而是在真实的大学英语语境中，学生利用多媒体资料在教师与同学的帮助下，通过意义建构的方式获取的。

支架式教学模式要求教师在英语教学中，首先为学生知识体系的形成建构一种知识框架，其次按照一定的层次逐步展开，从而不断地提高学生的英语学习能力。具体而言，支架式教学模式的实施主要包括以下几个环节：

（1）构建知识框架

构建知识框架是支架式教学模式的首要环节，在此环节中，要求教师按照实际的教学主题，制定切实可行的教学目标，另外，在构建知识框架的过程中注意协调各个教学之间的关系。

（2）进入问题情境

在这一环节中，教师可以利用多媒体技术（如音频、视频等）给学生的学习创建一个真实的英语情境，在这个情境中给学生设定一定的问题语境。在这一环节中需要注意综合使用视听与学生的思考相结合的策略，这有利于培养学生独立思考的能力。

（3）学生独立探索

通过上一环节对于问题情境的设置，在教师的指导下，学生开始对问题情境以及既定内容进行探索。起初，学生在探索时，教师可对其进行相应的引导，并让学生从中得到一定的启发；随着探索次数的增加，教师要逐渐地减少引导，让学生自主地进行探索，使学生在知识框架中自由地徜徉，直到找到与问题相关或者与学习内容相关的信息。

（4）小组协作学习

探索之后，需要分小组进行协作学习。在小组协作学习的过程中，需要将探索的信息进行协商、讨论，最后在小组共同讨论的基础上，对问题的答案以及所学内容形成一个全面的认识，这也最终完成了对既定内容的意义建构。

（5）教学效果评价

教学效果评价是支架式教学模式中的最后一个环节。教学效果的评价不仅包括教师对学生学习效果的评价，还包括学生的自我评价以及学生之间的相互评价。教学效果评价的内容不仅包括对学生的杰出表现进行表扬，还要对学生在整个教学过程中是否完成知识的意义建构（支架式教学目标）作出相应的评价。

第四节　微课和慕课在大学英语教学中的应用

一、微课教学模式的内涵与应用

（一）微课教学模式的内涵

1. 微课教学模式的概念

美国圣胡安学院高级教学设计师戴维·彭罗斯在2008年创造了"微课"一词，即使用视频记录教师教学过程中围绕着某一知识点或技能进行的教学过程。微课不仅包含了课堂教学视频，还涵盖了教学主题的教学设计、课件、教学反思、练习测试及学生反馈、教师点评等。

微课的内容短小精炼，是相对独立而完整的知识，并且具有示范性和代表性，往往包含了教材上的主要知识，能够使学生掌握重难点，形成简单的知识框架。所以，其是一种对传统教学进一步发展的全新教学模式。

2. 微课教学模式的内容要求

微课的内容要求主要有：知识点准确无误；讲解十分详细，以便在短时间内（5分钟）让学生完全理解；一个微课只涵盖一个特定的知识点，若涉及其他相关知识的细致教学则需开设另一个微课；知识点讲解不能简单地重复书本上的内容，而应该根据自己的理解对该知识点进行阐述；课件设计需考虑视觉美感，运用PPT的多种功能实现丰富的视觉效果，如自定义动画、画面切换、颜色搭配、字体搭配等，避免造成视觉疲劳；微课画质要清晰；讲解语言通俗易懂，尽量少用古板、枯燥的书面语；讲解声音响亮，节奏感强；外部环境安静，无噪声。

3. 微课教学模式中资源开发的过程

（1）内容规划

内容规划要从整体上出发，制订和明确课程资源建设的方案、进程计划和参与人员，建立相应的建设规范和体系。在课程标准的指导下，按照教学大纲的要求，结合课本内容，邀请专家与资深教师协商确定课程包含的各知识点。

（2）平台建设

微课资源的开发、分享和利用都是通过微课平台完成的。这个平台应该包含微课资源的建设和管理的功能模块，包含学生应用课程资源和交流讨论的功能模块，以建立一个全面的微课建设、管理、应用和研究平台。

（3）设计与开发

微课内容的设计与开发并非简单地上传一些教学课件，而是一个复杂的系统工程，包含宣传动员、技术培训、选题设计、内容拍摄、素材整理、后期加工制作、在线报送、审核发布、评价反馈等多个环节，只有认真对待每一个环节，才能够更好地保证教学质量。

（4）应用阶段

微课的建设最终要回归到应用上来，平台只有通过应用才能够实现其价值。因此，要利用集中展播、专家点评和共享交流等方式，在各大高校的师生群体中宣传和推广微课平台以及优秀的微课，并且教师内部要积极开展各种学习、评价、研讨活动，研究如何优化微课，从而更好地发挥微课教学的作用。

4. 微课教学模式的实施策略

（1）选用恰当、合理的教学方法

从微课的特点来看，教学是以讲授为主的。讲授也有各种各样的形式，有的是平铺直叙的讲授，有的是环环相扣的讲授，还有循循善诱、启发学生思维的讲授，以及创造型的讲授，教师不仅可以对课题内容进行讲授，还能够在此过程中添加朗诵、提问、让学生思考等。因此，通过微课教学可以看出教师的教学能力，教师要选择与微课的情景及特点相适应的方式进行教学，使教师真实的教学水平得以体现。

（2）要构建完整的课堂结构

虽然微课的特点在于短小精悍，但是也要注重课堂结构，不可以仅仅对主要问题进行讲解分析。微课在进入主题时要简单明了，不能讲很长时间还没有进入主题，这样就会看不出课堂的重点；一旦进入主题，就需要紧紧围绕主题来讲授，无论是采取简单明了的语言表达，还是从侧面启发和引导，最终都要做到在短时间内顺利完成教学任务；微课末尾要进行小结，用两三分钟对本节微课的教学内容加以言简意赅的归纳和总结，使微课的课堂结构趋于完整。

（二）微课教学模式在大学英语教学中的应用

1. 微课应用在大学英语教学中的优势

（1）不受时间限制，随时随地是课堂

当前，科技水平正在快速发展，网络也遍布全球，学生在任何时间和空间都能应用网络，几乎人人都有手机，这些都为学生观看微课提供了有利条件，学生可以随时随地地完成课前预习、课后复习、知识巩固等各种学习内容。同时，在通过微课进行学习的过程中也能提升学生的自主学习能力。

（2）短小精悍，针对性强

近些年来，我国研究微课的人越来越多，研究逐渐深入，许多专家对微课进行了定义。吉林大学博士生导师胡铁生指出，通过微型教学视频对某个知识点与教学环节设计开发的新型情景化、能够支持多种学习方式的在线网络视频课程就是微课。[①] 在国内外众多学者对微课的定义中可以看出,"微"是其核心,微课最重要的一点就是短小精悍。当前社会是信息化社会,有许多信息都需要人们去接收,也有更多的事情等着人们去做,所以,学生在课下可能不会花费太多的时间去观看学习视频。而每段微课视频的时间都较短,针对的是一个知识点,并将这个知识点中所有的重点内容都呈现于视频之中,不必花费学生太多的时间,也更容易让学生清楚明白,从而使学生在进行课堂学习时能够拥有更高的学习效率。

（3）模式新颖,有吸引力

微课作为一种全新的教学模式,具有较大的新奇性和吸引力。它赋予了英语学习无限的乐趣和多样的变化,使学生的英语学习不再局限于死记硬背,而是更具探索性。微课视频不受时空条件的束缚,使学生能够自由地探索不同的语言知识,感受世界各地的特色风情。微课借助图文并茂的方式进行教学,有的放矢地安排教学内容和教学过程,有效地激发了学生对英语的兴趣,使学生能够积极自主地学习英语知识和技能。

（4）类型多样,顺应不同教学需求

微课操作起来灵活方便,按照教学需要能够开展各种各样的微课形式。相关学生认为,微课可以根据教学内容性质、教学方法、使用对象和主要功能、最佳传递方式、微视频的主要录制方法等分成几种不同的种类。举例来说,根据教学方法的不同,可以将微课分成讨论类、实验类、探究学习类、问题类、练习类等；根据最佳传递方式的不同,可以将微课分为活动型、解题型、讲授型等几种类型；根据录制方法的不同,可以将微课分为录屏型、摄制型、混合式等几种类型。于此,教师必须在教学需求的基础上设计微课课程。微课虽然短小,却凝结了教师的教学理念和设计思路。

2. 微课在大学英语教学中的应用

（1）微课的课前预习应用

众所周知,课前预习是教学效果事半功倍的重要因素。若是学生没有进行课前预习,那么就有可能白白浪费课上的时间,最后达不到预期效果。学

[①] 胡铁生. 微课的内涵理解与教学设计方法 [J]. 广东教育,2014（4）：33-35.

生不提前预习就不能了解课文内容，反而要在课上花费时间，然而课上时间是固定的，若是教师在导入主题的时候花费太多时间，那么课程重点与难点的教学就不能在课上完成，学生也很难在课堂上进行参与互动，只剩教师一个人在课上讲。如果学生在预习时观看微课视频，那么教师在进行课程导入时就会轻松许多，学生也能够对课文有一个整体的把握，能够快速地进入学习状态，适应教师的授课方式。因此，教师需事前制作微课视频，并将之上传到微课平台，并给学生发放任务清单，指导学生自主预习，学生可以单独或结组学习微课视频。需要注意的是，教师在备课时要完整充分，结合教学大纲要求、学生学习特点并基础设计并录制微课视频，微课视频中不仅要透彻地讲解知识，还要突出学生要思考的问题，引导其独立思考，这也有助于课上的讲解和探究活动。

（2）微课的课上授课应用

若只是教师一直在课堂上讲，学生可能会感到乏味无趣，时间一长就会产生注意力的转移。所以，教师根据教学内容在合适的时候播放微课视频能够节省课上的时间，还可以让学生保持注意力的集中，提高课堂效率，同时，学生也会对课程内容产生更深刻的记忆。此外，播放微课视频能够留给学生更多的时间去消化和吸收课堂上传递的知识。当前，很多大学英语教师都已经开始在教学实践中尝试使用微课。学生应教师的要求观看与课堂内容相关的微课视频，以此辅助课上教学，教师就有了足够的课上时间开展探究互动学习活动，这样一来，学生的主体性能够得以释放，从而能够充分参与学习活动，独立自主地思考，更好地掌握知识。

（3）微课的课后巩固应用

在课后，教师要及时归纳、总结本节课的知识，并安排一定难度的测试，以便学生课后复习和巩固，帮助学生掌握和内化知识，切实提升学习成效。

3. 微课在大学英语教学应用中的注意事项

（1）目标明确，主题分明

微课要具有明确的主题，紧紧围绕一个主题设计教学，若是探究的问题过多，则难以在有效的时间内带领学生解决这些问题，也容易使学生的注意力分散，找不到知识的重点，难以实现理想的教学效果。所以，教师利用微课开展英语教学必须目标明确、主题清晰，这是微课教学效果的直接影响因素。

（2）把握时间，不宜过长

微课的"微"体现在内容和时间短上，其时长要控制在1～3分钟。在某些情况下，时长可以适当延长到5分钟。这样短时间的教学才能避免学生注意力分散，保证其学习效果。随着微课的流行，越来越多的高校英语教师将其应用于课堂教学之中。

（3）结合教师教学，给学生启发与思考

虽然"微"是微课的核心内容，但是教师设计、制作微课时也要花费不少的时间与精力。每一段微课视频都融入了教师的教学理念，教师要结合课堂教学来设计微课，坚持任务驱动、问题向导、反馈互动的原则，调动学生的积极性，并使之学到知识。教师可以结合自己的教学安排灵活使用微课，将其作为课上教学的辅助工具，或者安排学生课前预习或课后复习均可。好的微课会在生活与学习方面使学生得到帮助。

在大学英语教学中应用微课，有助于减轻英语教师的教学负担，使英语教学更加活跃，激发学生的学习兴趣，提升英语教学效率。与此同时，这也要求英语教师不断革新自己的教学理念、提升自己的信息化教学能力以及教学水平，设计出优秀的微课，将微课与英语课堂教学有机结合，发挥两者相辅相成、相互促进的作用。因此，英语教师需深刻理解微课的概念与特点，把握英语教学的主要问题，借助微课，创新英语教学方法。

二、慕课教学模式的内涵与应用

（一）慕课的内涵及设计原则

1. 慕课的内涵

慕课（Massive Open Online Courses）即"大规模、开放式在线课程"，其中文音译为"慕课"。慕课是一种开放的教育形式，不受人数、时间、地点限制，课程中所有资源和信息都是开放的，且全部通过网络传播。慕课是一种拥有大量参与者的巨型课程，提倡个别化学习，提倡知识的联结和分享。

准确地说，慕课的起源可追溯到20世纪60年代。1962年，美国发明家和知识创新者道格拉斯·恩格尔巴特（Douglas Engelbart）提出来一项研究计划，题目叫"增进人类智慧：斯坦福研究院的一个概念框架"。在这个研究计划中，道格拉斯·恩格尔巴特强调了将计算机作为一种增进智慧的协作工具来加以应用的可能性。也正是在这个研究计划中，道格拉斯·恩格尔巴特提倡个人计算机的广泛传播，并解释了如何将个人计算机与"互联的计算机网络"结合起来，从而形成一种大规模的、世界性的信息分享效应。①

自那时起，许多热衷计算机的人士和教育变革家，比如，伊凡·伊里奇，发表了大量的学术期刊文章、白皮书和研究报告。在这些文献中，这些变革家极力推进教育过程的开放，号召人们将计算机技术作为一种改革"破碎的教育系统"的手段应用于学习过程之中。

2008年，加拿大爱德华王子岛大学网络传播与创新主任戴夫·柯米尔（Dave Cormier）和国家人文教育技术应用研究院高级研究员布莱恩·亚历山大（Bryan Alexander）一起提出了MOOC这一概念。同年9月，西蒙斯（Simmons）和史蒂芬·唐斯（Stephen Downes）应用这个概念开设了第一门真正意义上的MOOC课程：Connectivism and Connective Knowledge On–line Course（连通主义与关联知识）。该课程结合了威立（wiley）的开放内容和克洛斯（Couros）的开放教学思想，同时还支持学习者以多种形式参与学习，比如，通过博客、推特（Twitter）及其他社会性软件学习。唐斯认为：慕课是一种参与者和课程资源都分散在网络上的课程，只有在课程是开放的、参与者达到一定规模的情况下，这种学习形式才会更有效。MOOC不仅是学习内容和学习者的聚集，更是一种通过共同的话题或某一领域的讨论将教师和学习者连接起来的方式。②

2011年秋天，来自190多个国家的16万人同时注册了斯坦福大学的一门

---

① 于辉. 当代大学英语教学改革多元化趋势研究 [M]. 长春：吉林大学出版社，2018.
② 张玉娴. 慕课中的学习评价 [J]. 世界教育信息，2015（9）：15-20.

"人工智能导论"课程,这让为此成立了知识实验室(Udacity)的授课教师索恩和彼得·诺威格颇感意外。慕课也第一次在全球迎来井喷式的突破。短时期内,浪潮席卷北美。2012年4月,斯坦福大学计算机学科的两位教授推出了名为Coursera的网站,包括哥伦比亚大学、杜克大学和普林斯顿大学等一系列名校都先后成为该网站的合作伙伴。2012年5月,麻省理工学院和哈佛大学联合推出了edX。

慕课是高等教育领域出现的一种新型课程模式,使学习变得更加主动、便捷和个性化。慕课的主要特点是大规模、开放性和在线。

大规模主要表现在学习者人数上面,不受学生人数的限制,成百上千的学生都可以通过网络注册进行学习。

开放性是指慕课的课程资源是对所有人开放的,世界各地的学习者只要有上网条件并且愿意学习,就可以学习到自己感兴趣的优质课程。它对学习者没有地域、年龄的限制,不论是在读书的学生还是上班的工人,无论是家庭主妇还是退休老人,都可以根据自己的时间安排自由选择课程。

在线是指学习者根据自己的具体情况,合理安排学习时间,在网上完成学习任务。学习的过程比较自由灵活,不受时空限制和约束,学习者在任何有网络的地方都可以进行,而不必在特定的时间去指定的地方进行学习。

2. 慕课的设计原则

慕课教学模式的设计要遵循以下几个原则:

(1)人本化学习原则

人本化学习原则尽可能地为更多人带来优质的教育,目的是让人们从最好的大学、最好的导师中学到最好的课程,使用最好的、受益最大的、最高效的教学资源。

(2)建构主义学习原则

从"教"的视角看,慕课是由分工明确的教学团队创造的,团队成员共同协作,支持慕课的顺利运转。

从"学"的视角看,慕课强调创建一个集合很多人优势的学生学习"社区"。慕课超越了时间和空间的限制,学习者可以随时随地地学习,慕课可以适合学习者的学习情境，促进知识建构。慕课强调学习的主动建构性、社会互动性和情景性，重视学习共同体与合作学习，学习者可以在一个活跃的学习集体内，掌握、建构那些能使其进行更高认知活动的技能，如学习、研究、理解、概括、分析的能力。

（3）掌握学习原则

布卢姆认为，教育是一种有目的、有意图的活动，如果我们的教学是富有成效的话，那么学生成绩的分布应该是与正态分布完全不同的，或呈均匀分布。[①]因此，他提出"掌握学习"的概念和理论，认为教学质量应该根据每个学生的学习效果来评价，而不是根据某些学生的学习效果来评价。

掌握学习的核心问题在于：第一，投入学习的时间，学生要达到掌握的水平，取决于花在学习上的时间量，因此，要给学生提供足够的练习机会；第二，教师给学生提供详细的反馈，使教学过程中出现的差错可以马上被改正过来，并提供学生所需要的具体补充材料，因此，反馈通常采用诊断式的形成性测验方式。在慕课课程设计中，在线练习题目和各种测验题目的设计正源于掌握学习的理论与原则。

（4）程序教学原则

程序教学把学习内容分成一个个小的问题，进行系统排列，通过编好的教材或特制的教学机器，逐步地提出问题（刺激），然后学生选择答案和回答问题（反应），学生在回答问题后立即就能够知道学习效果，从而能够确认自己回答的正确或错误。如果解答正确，得到鼓舞（强化）就进入下一程序学习；如果不正确，就采取补充程序，再学习同一内容，直到掌握为止。

（二）慕课在大学英语教学中的应用

1. 教师讲解与慕课播放的有效结合

在慕课背景下的高校英语教学中，教师可以将自身的课堂讲解与慕课播放两种方式有效地结合起来，即在英语课堂上通过播放录像及视频文件的方式，将学生的学习兴趣充分调动起来。在教学过程中，学生能够通过观看视

---

① 关洪海. 现代教育技术简论 [M]. 北京：冶金工业出版社. 2019.

频加强思考,慢慢进入课堂教学的环境中,从而自发地进行英语学习,这就有利于学生思维能力和学习积极性的提高。

2. 应用慕课创新阅读教学模式

教师要灵活运用慕课来进行英语阅读教学模式的创新,以培养学生的思维能力及自主学习的能力。教师在具体教学中,可搜集与英语阅读有关的慕课,先让学生观看视频,然后以视频当中的英语阅读为例,教授给学生正确的英语阅读方式,以此来提高高校学生的英语成绩。此外,在进行英语教学的过程中,教师在课堂上需要根据学生的兴趣爱好、学习特点、学习能力及英语水平等来选择合适的慕课,以此来展开高效的英语阅读教学,并根据教学标准,对阅读进行针对性的、不同层次的问题设定,从而达到提升他们英语成绩与水平的目的。

在高校英语教学的过程中,通过英语阅读训练,能够快速增强学生的英语口语交流能力,这能在很大程度上帮助学生提升英语水平。同时,通过培养学生的口语能力及阅读能力,还能使慕课教学变得实用化。通过采用创新的视觉模式来训练学生的英语感官,并通过图画及影像等来激发学生的兴趣,让学生在阅读的过程中具有明确的目的,这样学生就能带着问题进行英语阅读,并对阅读的文章结构有整体的了解和把握,从而更加熟练地掌握英语阅读技巧。

3. 应用慕课减轻学生学习压力

慕课教学主要是通过网络平台进行教学,教师与学生之间有足够的时间进行交流沟通,且他们之间无须面对面,这在一定程度上减轻了学生的心理压力,从而很好地帮助学生排除了心理障碍。教师在运用慕课进行教学时,要灵活运用情感教学方式,使学生能将学习感受或遇到的问题及时与教师进行交流,并逐渐找到适合自己的学习方法,这样学生的自学能力及英语水平才能得到有效提升。

(三)慕课教学的优势

近年来,国内外各大知名高校纷纷投身于慕课的课程建设中。慕课教学模式包含课程、课堂教学、学生学习进程、师生互动体验等。慕课具备自身独特的优势，能够有效地推动高校大学英语教学改革，切实提升学生的英语实际应用能力。

1. 慕课的推广有助于普及教育公平发展

学习者只需要通过邮箱进行注册，不受国籍和地域的限制，即可参加国内外名师课堂的学习，能够共享优质的教育资源，学习者能够获得均等的学习机会，使教育公平、民主的目标得以实现。

2. 发挥学生学习主体地位，转变教师角色

现代教学模式主要依托教师讲授，教师对教学活动有主导权。而自主性强是慕课的典型特点，学生能够以自己的需求和兴趣等为依据对学习进行自主选择，对学习进程自主安排。学习者可以自主学习，如在线阅读、对视频反复观看、向教师提问、与同学互动等，这种新的学习模式突出学生在学习中的主体地位。

教师角色发生了如下转变：

（1）由课堂的"主角"转变为"引导者"

优秀教师的视频为学生提供了丰富的资源，学生可以在学校学习，在家中学习，在任何时候、任何地点进行学习。学习方式也因为网络而发生改变，学习者可以轻松看视频，可以徜徉在学科游戏中，可以在讨论区自由地阐释自己的观点。由此，学生的智力可以在"慕课"中得到发展。教师通过了解学生、分析学生，从而引导学生自主发展、自主学习。教师的教书职能在信息化过程中逐渐被弱化，引导者的职能逐渐被强化。

（2）由学生学习的"监督者"转变为"协助者"

教育是一个较复杂的过程，不能单纯地通过网络教学完全替代传统教学，特别是在刚开始推行慕课的时期，我们要指导学生在家完成网络在线的慕课学习，将课堂作为师生间深度知识探究、思辨、互动与实践的场所，形成以学生为中心、以能力提升为核心的个性化学习模式。

（3）由"单打独斗"者到"团队协作"者

慕课资源开发的复杂性决定了其技术门槛比较高，有时候单靠一名教师的一己之力难以呈现优质的教学效果，因此，需要一个教师团队来合作设计。

可以建立一支由各学科骨干教师为主的慕课研究团队，进行明确分工下的课程资源设计活动：有的教师负责在一定框架下确定课程的教学目标，预设学生可能会遇到的热点、难点问题，突出教学重难点；有的教师负责搜集图文资料和网络信息，观看网络上同课题的典型课例的教学方法和教学资源，汲取百家之精华融入教学内容中；有的教师负责录制与剪辑视频、插入动画、添加字幕等技术制作工作，保证片头和片尾的配乐清楚悦耳、图像清晰稳定、构图合理美观、逻辑思路清晰，教师语言精练、精确，把精彩的分析讲解过程呈现给学生，以满足学生的心理需求；有的教师进行锦上添花式的质疑问难与研讨交流；有的教师负责网上发布、传播与维护；有的教师负责吸纳有信息技术特长的家长或学生的试用体会，收集意见与建议，并反馈给设计团队成员进行处理；有的教师则审查慕课资源的科学性、知识性、系统性、逻辑性，在反复推敲的基础上修改、完善慕课资源。总之，慕课资源中的每句话、每个字、每个画面之间要体现出一定的逻辑联系和知识概念架构，这个构建过程需要一个配合默契的团队来完成。

3. 能调动学生更深层次的学习兴趣

慕课可以将优质教学资源进行整合，除拥有一批有共同兴趣的学习者可以自行调节学习速度，还可以使学生不再感到枯燥乏味。在教学实践中，互动在视频播放、社区讨论以及课后作业等各个环节均有体现，从而使学生学习的兴趣能够被充分调动起来。

4. 真正做到"因材施教"的个性化教学

慕课教学模式在提供学习平台的同时也对大量数据进行搜集，并引入现代技术对学生的学习规律进行深入分析，从而为后续的教学活动提供强大的数据支持。学生在学习过程中的各种细节均能在数据中反映出来，而且还能对学生的学习轨迹进行跟踪、监控和记录，包括学生的学习难点、学习时间、重复访问记录、学习方式及最佳学习时段等，并通过对这些数据进行分析，提出合理建议，做到因材施教，使差异化、个性化教学的难题迎刃而解。

5. 优质的教学资源极大地丰富了大学英语教学

慕课课程整合众多网络工具和数字化资源，形成人性化、多元化的学习工具和丰富的课程资源开拓教和学的渠道，更新教和学的方式，内容实时更新，增强英语教学的开放性和灵活性，营造出一个接近英语为母语国家的英语学习氛围，从而使学习者能够在良好的学习环境中切实提升自身的英语水平。慕课中的微课程内容丰富，题材多样，语言地道鲜活，有关科技、文化、社会生活、历史地理、人与自然等方面的材料丰富，突出了英语的丰富性和人文色彩，使教学内容更加贴近学生、贴近社会生活，更地道实用，这极大地激发了学生的积极性，有效地培养了学生对于英语学习的兴趣和运用英语的成就感，从而更进一步地激发出学生的学习欲望，改变学生的学习状态。慕课突破了时间、空间的限制，依托互联网，学习者在家即可学到国内外著名高校的纯英语课程。学校要建立系统、开放、动态、立体的课程体系，融必修与选修于一体，使网络与课堂互补，目标就是把大学英语课程建成大学生真心喜欢、终身受益的优质课程，以更好地满足大学生接受高质量、多样化大学英语教学的需求，更加适应国家经济社会发展对人才培养的要求。

6. 改变了传统的英语教学模式，"翻转"了课堂

慕课翻转课堂的教学模式是"学生自主学习—发现问题—教师引导解决问题"。慕课强调"学"字，这种教学模式要求学生课前先在网上学习教师授课的内容，而在课堂上，教师利用苏格拉底式的教学方法，提出问题，由学生或小组一起讨论，真正实现学生是学习的主体，是课堂的主角。在课后，教师则采用线上答疑法和协作法来满足学生的需要，促成他们的个性化学习，让学生通过实践获得更真实的英语学习。当然，在慕课环境下，转变教学策略，大学英语教师应该"翻转"自我，改变观念，改变教学理念，提高外语教学、课程设计和教学管理的能力，与时俱进，从而使大学英语教学变得异彩纷呈。

7. 满足多样性、个性化、创新人才培养的需要

大学英语教学改革目标明确提出要建设多层次、多元化教学目标体系，满足学生个性化学习需求。在实践中，慕课上数以百万计的学生在线学习的相关数据将会汇集成"学习大数据"，再加上基于云计算、物联网、大数据等综合技术背景下的慕课，教师可以利用平台上产生的海量学习资源，可持续改进课程教学内容和教学环节设计，实现"因材施教"的个性化学习服务。

同时，通过系统性的数据踪迹，教师可随时了解学生的学习状况，比如，发现学习者个体真实的学习规律和学习行为，跟踪、记录学习者的学习轨迹，通过对这些数据分析，可为每个学生建模，进而提出针对性的导学建议，从而突破个性化、差异化教学的难题，以满足多样性、个性化、创新人才培养的需要。有相关学者在公开演讲中强调了慕课的社会属性，即有效的学习需进入并借助特定圈子，与小伙伴们交流探讨并获取知识。慕课的聚集功能在一定程度上充当了"圈子"的角色，它汇聚了有共同兴趣的学习者，共同开展系统化的学习，学习从一个人变成了一群人，学习环境中因为有了学伴而不再寂寞和乏味。慕课之所以能够吸引大规模学习者，根本原因在于真正落实了以学习者为中心。在"慕课"的"课堂"里，学习不再仅仅是获取知识，而是彼此分享对知识的认识和理解，开眼界，促成长，满足多样性、个性化、创新人才培养的需要。

参考文献

[1] 王凤玲.信息化背景下大学英语教学的变革与探索[M].长春：吉林出版集团股份有限公司，2021.

[2] 侯志荣.信息化时代大学英语混合式教学研究[M].长春：吉林人民出版社，2021.

[3] 胡雯，武小丹.信息化背景下大学英语教学改革创新[M].北京：中国书籍出版社，2021.

[4] 魏琴.信息化背景下大学英语教学研究[M].长春：吉林人民出版社，2020.

[5] 钟泽洲.大学英语信息化教学模式[M].长春：吉林出版集团股份有限公司，2018.

[6] 张冰，蒯莉萍，成敏.学术文库"互联网+"时代大学英语信息化教学研究[M].西安：世界图书出版西安有限公司，2018.

[7] 朱琳.互联网背景下大学英语信息化教学研究[M].北京：北京工业大学出版社，2018.

[8] 梁涛.信息化时代大学英语教学的新发展[M].青岛：中国海洋大学出版社，2022.

[9] 李谦.教育信息化与大学英语教学改革研究[M].南京：江苏凤凰美术出版社，2019.

[10] 郭向宇.教育信息化背景下高校大学英语教学改革模式[M].延吉：延边大学出版社，2020.

[11] 张静.基于信息化的大学英语教学策略[J].年轻人，2021，（4）：64.

[12] 宋丽.网络信息化大学英语教学模式探讨[J].湖北师范大学学报（哲学社会科学版），2017，（1）：124-126.

[13] 刘晓丹，王立欣.信息化与大学英语教学改革[J].黑龙江高教研究，2002,（3）：87-88.

[14] 陈荣青.信息化大学英语教学中学习能力的培养[J].实验教学与仪器，2012,（3）：45-46.

[15] 樊宇，张冬瑜.网络信息化大学英语教学模式探究[J].科教文汇，2007,（11）：98.

[16] 杨明霞，鹿丽，霍胜杰.建构主义理论下信息化大学英语教学中教师的角色转变[J].中国科技信息，2010,（17）.

[17] 祝全.教育信息化背景下大学英语教学路径研究[J].现代英语杂志，2022,（7）：37-40.

[18] 薛美薇.教育信息化时代大学英语课堂教学优化研究[J].英语广场，2020,（5）：83-84.

[19] 李丽.信息化时代大学英语教学策略探微[J].数码设计（上）,2020,（4）：138.

[20] 周晓琴.基于微课程的项目教学法在大学英语教学中的应用研究[D].太原：中北大学，2022.

[21] 吴凡.大学英语阅读教学微视频的设计研究[D].南京：南京邮电大学，2021.

[22] 丁玲.高校本科英语学习者的翻转课堂满意度及其影响因素研究[D].南京：南京邮电大学，2020.

[23] 王静.我国高校外语教育信息化政策发展研究[D].上海：上海外国语大学，2018.

[24] 刘长江.信息化语境下大学英语课堂生态的失衡与重构[D].上海：上海外国语大学，2013.

[25] 隋晓冰.网络环境下大学英语课堂教学优化研究[D].上海：上海外国语大学，2013.

[26] 孙先洪.信息技术与大学英语课程整合中的教师计算机自我效能研究[D].上海：上海外国语大学，2013.

[27] 张善军. 信息技术环境下大学英语多元互动教学模式研究 [D]. 上海：上海外国语大学，2011.

[28] 陈坚林. 计算机网络与外语教学整合研究 [D]. 上海：上海外国语大学，2011.

[29] 袁雪鸿. 信息技术与军校大学英语教学整合 [D]. 长春：东北师范大学，2010.